PRAXIS UND ERFOLG BAND 4

Kai U. Jürgens

WIE VERÖFFENTLICHE ICH MEINE DOKTORARBEIT?

Der sichere Weg zum eigenen Buch

Unter Mitarbeit von
Steve Ludwig

Ludwig

Die Reihe PRAXIS + ERFOLG wird herausgegeben von Dr. Nils Borstnar.

Bibliografische Information Der Deutschen Bibliothek

Die Deutsche Bibliothek verzeichnet diese Publikation in der
Deutschen Nationalbibliografie; detaillierte bibliografische
Daten sind im Internet über http://dnb.ddb.de abrufbar.

Holtenauer Straße 141
24118 Kiel
Tel.: 0431-85464
Fax: 0431-8058305
www.verlag-ludwig.de
info@verlag-ludwig.de

Gestaltung: Daniela Zietemann

Gedruckt auf säurefreiem und alterungsbeständigem Papier
Printed in Germany

ISBN 978-3-937719-28-3

INHALT

EINLEITUNG

Der Autor auf Eigene Kosten sollte völlig erschöpft, das Auge umflort von Ruhmesträumen, zu den haarigen Klauseln gelangen, in denen stand, daß die Höchstauflage zehntausend betrage, ohne daß eine Mindestauflage erwähnt wurde, daß die zu zahlende Summe nicht an die Auflagenhöhe gebunden sei, von der nur mündlich die Rede war, und vor allem, daß der Verleger das Recht habe, nach Ablauf eines Jahres die unverkauften Exemplare einzustampfen, es sei denn, der Autor wolle sie zum halben Preis erwerben. Unterschrift.

Umberto Eco: Das Foucaultsche Pendel

In seinem zweiten Roman läßt Umberto Eco den Erzähler von den Praktiken des Verlags Manuzio berichten, einem Haus, das sich auf »AEKs« spezialisiert hat: »Autoren auf Eigene Kosten«. Das zur Sprache kommende Verfahren ist so einfach wie effektiv, beruht es doch auf der Tatsache, daß ein Verlag sehr wohl ohne Leser auskommen kann, wenn die Autoren alle fälligen Zahlungen übernehmen. Und das geht so: Nachdem das betreffende Manuskript hinreichend belobigt wurde, wird mit Hinweis auf die allgemeine Kosten- und Marktlage ein Vertrag geschlossen, der den Verlag zu kaum mehr als dem bloßen Erscheinen des fraglichen Werks verpflichtet. Dann finanziert der Autor die vereinbarten zweitausend Exemplare Erstauflage. Der Verlag aber läßt lediglich eintausend Exemplare herstellen, von denen er zunächst nur dreihundertfünfzig aufbindet. Zweihundert davon gehen als Beleg an den begeisterten Urheber, die anderen einhundertfünfzig an die Presse. Eineinhalb Jahre später erhält der Autor den Hinweis, daß die verbliebene Restauflage – die sich leider als unverkäuflich erwiesen hat – in den Reißwolf gehe, sofern er nicht weitere Exemplare zum halben Ladenpreis beziehe; woraufhin dieser fünfhundert Exemplare bestellt. »Bilanz: der Autor hat großzügig die Produktionskosten für 2.000 Exemplare bezahlt, der Verlag hat 1.000 gedruckt und davon 850 aufgebunden, von denen der Autor 500 noch ein zweites Mal bezahlt hat.« (Umberto Eco: Das Foucaultsche Pendel, Hanser

Verlag 1989, S. 294). Kein Wunder also, wenn der beschriebene Verlag prosperiert. Im Sinn der »Autoren auf Eigene Kosten« ist dieses Verfahren allerdings nicht.

Auch wenn es sich bei Das Foucaultsche Pendel um einen Roman und nicht um einen Tatsachenbericht handelt, sind die Kapitel 38 und 39 Pflichtlektüre für jeden, der auf eigene Kosten zu publizieren gedenkt. Denn selbst wenn an korrekt arbeitenden Verlagen kein Mangel besteht, macht die Romanpassage auf bestimmte Versuchungen aufmerksam, denen die Branche unterliegt. Dies gilt insbesondere dann, wenn der Veröffentlichende keinerlei Erfahrung mit der Buchherstellung hat. Umso mehr gilt es, sich wie bei jeder Transaktion vor den Fallstricken zu schützen.

Genau hierzu dient dieses Buch. Auf den nächsten Seiten erfahren Sie, wie Sie Ihre Dissertation ebenso sicher wie erfolgreich publizieren. Nach einigen grundsätzlichen Erwägungen erhalten Sie zunächst eine Übersicht zu allen möglichen Publikationsformen, bei denen jeweils das Für & Wider zur Sprache kommt. Welche dieser Lösungen Sie wählen können, ist allerdings nicht zuletzt von der Studienordnung Ihrer Universität abhängig. Danach wird das gesamte Procedere der Printpublikation – von der Verlagswahl über Buchausstattung bis hin zum Marketing – erläutert, wobei speziell die Kosten- und Vertragsgestaltung zur Sprache kommen. Nach der Lektüre dieser Seiten sind Sie umfassend informiert und können entsprechend souverän in die Besprechung mit dem Verlag gehen. Nicht mehr, aber auch nicht weniger will dieses Buch.

Ich danke Dr. Nils Borstnar für viele hilfreiche Debatten und Kommentare, Reiner Roos von der VG WORT für aktuelle Informationen, Dr. Guido Sprenger für den Prosatext von S. 98 sowie Daniela Zietemann für die wie gewohnt erstklassige Einrichtung des Manuskripts. Mein besonderer Dank gilt Dr. Steve Ludwig, der diesen Band nicht nur angeregt, sondern über alle Entstehungsphasen hinweg mit Informationen unterstützt hat, von denen manche andernorts nicht zu beschaffen gewesen wären.

Kiel, im März 2007
Kai U. Jürgens

WAS IST EINE DISSERTATION?

In diesem Buch ist von Doktorarbeiten die Rede, und zwar nahezu ausschließlich. Da kann es nicht verkehrt sein, einmal kurz zu überlegen, was das Verfassen einer Dissertation bedeutet.

Zunächst einmal handelt es sich um einen Leistungsnachweis. Das Lexikon spricht von einer »wissenschaftlichen Abhandlung zur Erlangung der Doktorwürde«. Sie haben studiert und sich einem bestimmten Abschlußverfahren unterworfen, das Ihre Kompetenz überprüft – und zwar auf einem höheren Niveau als bei Lehramts- und Magisterkandidaten. Der Doktortitel bezeichnet nichts weniger als Ihre intellektuelle Arbeitskapazität.

Aus wissenschaftlicher Perspektive handelt es sich bei der Dissertation um einen eigenständigen Forschungsbeitrag. Sie haben sich – nicht selten eigenständig – ein Thema gesucht, das der Diskurs bislang vernachlässigt hatte und von dessen Bearbeitung ein neuer Impuls zu erwarten war. Dieses Thema wurde von Ihnen allein bewältigt und nach bestimmten Kriterien abgeschlossen. Das Resultat kann – sofern Sie der geisteswissenschaftlichen Fakultät zuzurechnen sind – weit über den Moment der Niederschrift hinausreichen; in der Ethnologie z. B. wird nicht selten mit Dissertationen gearbeitet, die sechzig bis achtzig Jahre alt sind. Hier spielt natürlich die Relevanz des Themas eine entscheidende Rolle. Doch der Inhalt kann auch im Hinblick auf einen späteren Berufseinstieg von Interesse sein. Immerhin machen Sie mit Ihrer Themenwahl deutlich, wofür Sie sich ernsthaft interessieren, und dies ist natürlich auch nach Abschluß der Arbeit aussagekräftig. Eine Laufbahn im Mediengeschäft wird durch eine Dissertation aus den Bereichen Film und Fernsehen nachhaltig unterstützt, und wer museumspädagogisch tätig werden will, kann dies durch eine entsprechende kunstgeschichtliche oder archäologische Forschungsarbeit vorbereiten. Gleichgültig ist das Thema der Dissertation also auch dann nicht, wenn Sie die Universität verlassen.

Als Gesellschaft haben wir uns allerdings daran gewöhnt, den akademischen Ausbildungsprozeß ausschließlich unter ökonomischen Gesichtspunkten zu betrachten. Die Frage, ob eine Dissertation als gewichtiger Forschungsbeitrag Punkte macht, ist unter diesem Aspekt irrelevant – es geht vielmehr um Marktchancen und die Überlegung, inwieweit sich die kosten- und zeitintensive Ausbildung in klingende Münze umsetzen läßt. Bei diesem Ansatz bleibt das Thema Ihrer Arbeit zwangsläufig auf der Strecke. Manch einer läßt sich sogar zu der wenig realitätsnahen Ansicht verleiten, den Vorgang der Promotion bereits an sich für wenig nutzbringend zu halten. Diese Perspektive greift zu kurz. Neben einer grundsätzlichen Fähigkeit zum selbständigen Arbeiten dokumentiert gerade die Dissertation immer ein Planungsvermögen auf hohem Niveau, und dies sogar zweifach: Zum einen haben sie Ihren Stoff (der ja beträchtlichen Umfang haben kann) inhaltlich bewältigt, zum anderen Ihr Projekt über Jahre organisatorisch im Griff gehabt. Und nur deshalb konnten Sie die Zielgerade erfolgreich und termingerecht passieren. Das alles sind keine Kleinigkeiten!

Die Güldene Grundregel

Was immer Sie an der Universität in Sachen Promotion zu tun gedenken: Spätestens vor der Wahl der Publikationsform steht ein ausführlicher Blick in die Sie betreffende Prüfungsordnung! Auch das inhaltlich ambitionierteste Vorhaben wird mißlingen, wenn Sie die hier dargelegten Bedingungen ignorieren. Nutzen Sie die Prüfungsordnung statt dessen als hilfreichen Wegweiser, der Ihnen den Weg zum Erfolg freundlich vorzeichnet.

Zusammenfassung

1. Zunächst einmal ist Ihre Dissertation ein Forschungsbeitrag, der die Wissenschaft bereichert. (Wenn Sie eine Universitätslaufbahn einschlagen wollen, ist dieser Punkt für Sie der wichtigste.)
2. Darüber hinaus dokumentieren Sie mit der Wahl Ihres Forschungsthemas ein grundsätzliches Interesse an bestimmten Sachverhalten, die keineswegs nur an der Akademie von Belang sein müssen.
3. Grundsätzlich aber schließen Sie ihre Ausbildung mit einer Prüfung ab, die Sie für herausgehobene Tätigkeiten qualifiziert. Sie dokumentieren damit *Selbständigkeit*, *Planungsvermögen* (inhaltlich wie organisatorisch) und die Fähigkeit, ein Projekt *erfolgreich* und *termingerecht* zum Abschluß zu bringen.

WELCHER DOKTORTYP BIN ICH?

Mit dem Veröffentlichen der Doktorarbeit ist es wie mit dem Kauf eines Autos: Sie überlegen sich, zu welchem Zweck Sie das Fahrzeug brauchen, und treffen dann – nach einem sehr tiefen Blick in den Geldbeutel – Ihre Entscheidung. Dabei geht es nicht nur um Ihre Fortbewegung, die unter Umständen auch anders zu haben wäre. Viel wichtiger sind Fragen, die auf das »Wofür?« und »Warum?« abzielen. Wie viele Fahrgäste sollen für gewöhnlich befördert werden? Brauche ich Platz für sperrige Güter? Spielt die Verarbeitung oder die Motorleistung des Fahrzeugs eine Rolle? Welche Entfernungen will ich überwinden? Muß der Wagen auch repräsentativen Zwecken dienen? Ähnliche Gedanken sollten Sie sich zu Ihrer Doktorarbeit machen. Die zentrale Frage lautet: Was haben Sie mit dem Text vor? Wollen Sie einfach nur die Auflagen der Universität erfüllen, oder spielt die Dissertation im Rahmen Ihres beruflichen Werdegangs auch als Objekt eine Rolle? Wollen Sie Ihre Arbeit bei Bewerbungen präsentieren? Erwarten Sie die Lektüre durch Rezensenten und Fachpublikum? Die Beantwortung dieser Fragen bestimmt entscheidend Ihr weiteres Vorgehen. Glücklicherweise sind Sie damit nicht allein. Wahrscheinlich werden Sie sich in einem der nachfolgenden vier Typen wiedererkennen:

Die Eiligen

Sie können es kaum erwarten, die Universität endgültig zu verlassen und haben bereits einen Vertrag über Ihr weiteres berufliches Fortkommen in der Tasche. Ihnen dient die Doktorarbeit in erster Linie als Sprungbrett für eine weitere Karriere; entsprechend schnell möchten Sie die Veröffentlichung abgewickelt sehen. Da Sie fachfremd arbeiten werden, legen Sie auf eine besonders repräsentative Ausgabe Ihres Texts keinen Wert – Hauptsache, die Urkunde kommt bald und Sie dürfen endlich den Titel führen.

Die Buchpublikation durch einen Verlag können Sie sich genauso sparen wie eine aufwendige Überarbeitung Ihres Texts. Für Sie kommt eine Veröffentlichung auf Mikrofiche oder im Internet in Frage, was zudem ausgesprochen kostengünstig ist.

Die Akribischen

Für Sie ist die Promotion Bestandteil der Uni-Laufbahn, was Sie bereits bei der Themenwahl beachtet haben. Da Sie Ihre Theorien gern diskutiert sehen möchten und sich mit Ihrer Arbeit profilieren wollen, ist für Sie ein Verlag mit einschlägig ausgerichtetem Programm die erste Wahl. Dort befinden Sie sich nicht nur thematisch in bester Gesellschaft, sondern erfahren auch noch eine adäquate Betreuung, die den wissenschaftlichen Gehalt Ihres Texts betont. Ganz billig wird dieser Service allerdings nicht sein, doch im Fall eines Prädikatsexamens lassen sich Fördergelder beantragen. Unter Vorbereitungs- und Kostenaspekten kommt auch eine Publikation im Internet in Frage.

Die Vielseitigen

Sie haben sich noch nicht entschieden, was nach der Doktorprüfung kommen soll – und damit gehören Sie wohl der Mehrheit aller Absolventen an. Obwohl Ihnen das Studium Spaß gemacht hat, werden Sie nicht weiter an der Universität tätig sein; dieser Lebensabschnitt liegt eindeutig hinter Ihnen. Allerdings haben Sie immer mal wieder mit Dingen zu tun, die zumindest teilweise an Ihr Studium anknüpfen, z. B. weil Sie als Journalist arbeiten. Die veröffentlichte Dissertation kann Sie daher beruflich ein gutes Stück voranbringen; allerdings sollte der Text vorher behutsam entakademisiert werden. Je nach Ausrichtung könnte es sich dann als lohnend erweisen, die Arbeit einem Verlag anzuvertrauen. Dagegen bietet sich eine Veröffentlichung auf Mikrofiche oder im Internet nur aus finanziellen Gründen an.

Die Selbstbewußten

Für Sie ist der Doktortitel nicht zuletzt eine Prestigeangelegenheit. Sie haben sich für eine repräsentative Aufgabe entschieden, bei der Sie viel mit Publikum zu tun bekommen; der Doktortitel schmückt dabei nicht nur die Firma, die Sie vertreten, sondern natürlich auch Sie selbst. Das Thema Ihrer Dissertation kommt mitunter zur Sprache, und wie es der Zufall will, ist dann meist auch ein Exemplar der Arbeit griffbereit oder wird sogar als Kundenpräsent aus der Hand gegeben. – Hier kommt natürlich nur eine Verlagspublikation in Frage, bei der der Umschlag auch gern vierfarbig sein kann. Der Text selbst ist gründlich überarbeitet und im Ton so essayistisch wie möglich gehalten. Internet, Mikrofiche sowie CD und CD-ROM können ausgeschlossen werden.

Ein Wort zum Thema Geld

Am Kostenfaktor kommt heutzutage kaum jemand vorbei, und das gilt insbesondere bei der Publikation der Doktorarbeit. Trotzdem sollten Sie versuchen, Ihre Entscheidung nicht allein von der monetären Situation abhängig zu machen. Im Hinblick auf Ihren weiteren Werdegang muß die preisgünstigste Entscheidung nicht immer die beste sein, wenn Sie Faktoren wie Verbreitung und Repräsentativität mit einbeziehen.

Übrigens wirft die Doktorarbeit in Form von Tantiemen der VG WORT auch Geld ab – zwar nur in einem geringen Umfang und auch nicht bei jedem Publikationsverfahren, aber immerhin. Im Fall eines Prädikatsexamens können Sie zudem Fördergelder beantragen.

Zusammenfassung

Ihr Vorgehen wird vom Zweck der angestrebten Veröffentlichung bestimmt. Wollen Sie nur den Titel führen, genügt eine unaufwendige Vervielfältigung gemäß den Richtlinien Ihrer Hochschule; wollen Sie auch den Text selbst beruflich nutzen, sollten Sie sich für eine Printlösung entscheiden.

WELCHE PUBLIKATIONSFORMEN GIBT ES?

Wenn Ihr Manuskript in druckreifem Zustand vorliegt, ist es an der Zeit, die eigentliche Publikation ins Auge zu fassen. Zu dieser sind Sie laut Prüfungsordnung verpflichtet, um die Ergebnisse Ihrer Arbeit der allgemeinen Forschung zuzuführen. Ganz nebenbei dokumentieren Sie mit der Veröffentlichung aber auch, womit Sie sich über Jahre beschäftigt haben; entsprechend sollten Sie hierin mehr als eine reine Pflichterfüllung sehen. Tatsächlich handelt es sich sogar um einen recht aufregenden Vorgang, mit dem Sie sich und Ihre Arbeitsergebnisse präsentieren können. Allerdings haben Sie für gewöhnlich nur einmal im Leben Gelegenheit, eine Dissertation vorzulegen; umso wichtiger, daß hierbei nichts schiefgeht. Der Zeitablauf wird Ihnen von der Universität vorgegeben: Nach Erlangung der Druckreife bleibt Ihnen zumeist ein Jahr Frist, um Ihrer Veröffentlichungspflicht nachzukommen; erst danach erhalten Sie mit der Urkunde die Erlaubnis, den Titel zu führen. Diese Frist läßt sich auf Antrag um ein weiteres Jahr verlängern, so daß Ihnen insgesamt vierundzwanzig Monate zur Verfügung stehen. Übrigens dürfen Sie den Titel an vielen Universitäten bereits früher führen, wenn Sie sich zur Publikation in einem Verlag entschieden haben und dieser bestätigt, daß Ihr druckreifes Manuskript vorliegt. Die folgenden Abschnitte nennen Ihnen die wesentlichen Möglichkeiten, wie Sie Ihrer Veröffentlichungspflicht nachkommen können.

Bei den ersten Lösungen treten Sie als ihr eigener »Verleger« auf:
Copyshop: Sie stellen die nötige Mindestauflage im Fotokopierverfahren selbst her.
Mikrofiche: Ihr Text wird von einer Reprofirma verkleinert und auf ein etwa postkartengroßes Stück Plastikfolie gebracht.

Internet: Ihre Arbeit erscheint auf einer Plattform im Netz online und kann am Bildschirm oder in Form eines Ausdrucks gelesen werden.
Selbstverlag: Sie lassen Ihren Text selbständig als Auflagendruck oder als *Book On Demand* (BOD; Buchherstellung auf Kundenbestellung) produzieren.

Bei den folgenden Alternativen werden Sie von Profis unterstützt:
Verlag: Ihr Text wird professionell gesetzt, gedruckt und verkauft. Neben dem herkömmlichen Verfahren des *Auflagendrucks* (also der per Offset- oder Digitaldruck erfolgenden Herstellung eines vorab bestimmten Kontingents) steht Ihnen mittels *Book On Demand* (BOD) noch eine Sonderform zur Verfügung, bei der die Bücher erst auf Kundenbestellung gedruckt und gebunden werden.
CD und *CD-ROM*: Sie veröffentlichen Ihre Arbeit auf einem Datenträger, der wie ein Buch erhältlich ist.
eBook: Ihr Text wird als Datei eingerichtet und gebührenpflichtig im Internet vertrieben.

> Für Ihre publizierte Arbeit erhalten Sie in den allermeisten Fällen Tantiemen der VG WORT. Oft genügt eine einfache Meldung. Hier gilt der aktuelle Verteilungsplan Wissenschaft, den Sie im Internet einsehen können. Alle nötigen Kontaktdaten finden Sie im Anhang dieses Buchs.

Selbst ist der Mensch: Die Copyshop-Methode

Mit im Copyshop vervielfältigten Arbeiten hatten Sie zuletzt zu tun, als Sie Ihre Dissertation abgabefertig gemacht haben. Entsprechend ist Ihnen das Verfahren nur zu gut vertraut: Sie erstellen das Manuskript, lassen es innerhalb weniger Tage fotokopieren, mit einer Klebebindung versehen und liefern die geforderte Anzahl Pflichtexemplare persönlich im Dekanat ab. Details hierzu regelt die Prüfungsordnung.

Die Vorteile dieses Verfahrens liegen auf der Hand: Sie müssen sich nicht zeitraubend in neue Technologien einarbeiten, sondern nutzen ein Verfahren, mit dem Sie bereits Erfahrungen gemacht haben. Entsprechend zügig läßt sich der Produktionsprozeß gestalten. Und: Innerhalb der Unibibliotheken ist Ihr Text bequem und ohne die Hinziehung eines Lesegeräts erreichbar.
Außerhalb besagter Bibliotheken existiert Ihre Arbeit allerdings praktisch nicht. Da Sie ohne Verlagsanbindung publiziert haben, erhalten Sie keine ISBN, werden im Verzeichnis Lieferbarer Bücher (VLB) nicht gelistet und sind somit für den Buchhandel (und damit für kaufwillige Interessenten) weder recherchier- noch bestellbar. Besonders kostengünstig oder alterungsbeständig ist das Verfahren auch nicht. Zu der ästhetischen Qualität von Copyshop-Elaboraten muß man zudem kein weiteres Wort verlieren; Repräsentativität können Sie hier kaum erwarten.

Ähnlich wie eine Veröffentlichung auf Mikrofiche eignet sich die Copyshop-Methode letztlich nur dann, wenn Sie auf eine Rezeption Ihrer Arbeit keinen Wert legen. Allerdings ist das Verfahren aufgrund der immensen Papiermengen umständlicher und teurer, als wenn Sie eine Verfilmung in Auftrag geben würden.

Unkompliziert und schnell: Verfilmung auf Mikrofiche

Mikrofiche – eigentlich Mikroplanfilm – ist ein seit Jahrzehnten erprobtes Verfahren zur kostengünstigen und platzsparenden Archivierung von Text- und Bildmaterial. Vor allem von Bibliotheken wird es gern eingesetzt, um die materialbedingt vom Verfall bedrohten Altbestände zu sichern. Dabei werden die Buch- oder Manuskriptseiten fotographiert, um das 24-fache verkleinert und auf einem Stück Film im Format A6 untergebracht. Auf diese Weise lassen sich 98 Seiten A4 im Format einer Postkarte dauerhaft aufbewahren, wobei die Industrie mit einer Haltbarkeit von 500 Jahren wirbt. (Ausprobiert hat das freilich noch niemand.)

Grundsätzlich verfügt die Mikrofiche über einen ähnlichen Status wie ein selbst reproduziertes Manuskript, das heißt: Keine ISBN, keine Recherchierbarkeit und kein Vertrieb. Die Vorzüge dieses Mediums liegen also bestenfalls in der ebenso schnellen wie kostengünstigen Herstellung.
Theoretisch können Sie die Mikrofiche zwar auch von einem Verlag einrichten lassen, der über eine ISB-Nummer den Vertrieb organisiert. Doch ist dies natürlich mit zusätzlichen Kosten verbunden. Und: Zum Umgang mit diesem Medium benötigt man ein entsprechendes Lesegerät, das sich zumeist nur in Bibliotheken und Universitäten befindet. Und auch dann ist die Lektüre noch immer ein unerfreulicher Vorgang – dies werden Sie wahrscheinlich während Ihres Studiums irgendwann selbst festgestellt haben. Zwar läßt sich die Mikrofiche mittels Rückvergrößerungsgerät in bedrucktes Papier zurückverwandeln, was für den Interessenten jedoch mit Wartezeiten und Kostenaufwand verbunden ist. Auch unter dem Aspekt der Repräsentativität ist die Mikrofiche unbrauchbar. Sie können sie weder zur Bewerbung noch anderweitig verwenden, um ihr Schaffen adäquat zu dokumentieren – dafür ist die kleine Folie eindeutig zu unscheinbar.
Sollten Sie trotzdem auf diesem Medium veröffentlichen – wofür es unter Zeit- und Geldaspekten ja tatsächlich gute Gründe gibt –, müssen Sie Ihrer Universität die verlangte Anzahl Pflichtexemplare einreichen. Außerdem sind zusätzlich vier bis sechs gebundene Ausdrucke erforderlich, um die Anforderungen zu erfüllen.

Die Veröffentlichung auf Mikrofiche ist ein bewährtes Verfahren, um unkompliziert der Publikationspflicht nachzukommen, und im Preis-/Leistungsverhältnis der Copyshop-Methode überlegen. Lesen möchte Ihre Arbeit auf Mikrofiche allerdings niemand gern.

Weltweit und fast umsonst: Veröffentlichen im Internet

Internet-Publikationen sind eine relativ neue Methode, um Dissertationen zu veröffentlichen. Sie wird derzeit stark diskutiert, ist aber noch nicht an jeder Universität (bzw. Fakultät) in vollem Umfang anerkannt. Daher sollten Sie unbedingt Rücksprache mit Ihrem Dekanat halten, wenn Sie diesen Weg einschlagen wollen.

Um Ihre Arbeit verfügbar zu machen, müssen Sie sich eine geeignete Internet-Seite suchen, die eine starke Verlinkung aufweist, damit Ihre Dissertation wahrgenommen werden kann. Dann sollten Sie Ihre Datei umformatieren. Textverarbeitungsprogramme wie Word veralten sehr rasch und sind dann nur mit Aufwand lesbar zu machen, daher ist eine Abspeicherung z. B. im layoutorientierten Druckformat PDF sinnvoll. – Parallel hierzu wird Ihre Universität auf einer kleinen Anzahl ausgedruckter Exemplare bestehen.

Für eine Online-Publikation spricht die ebenso rasche wie umfassende Verfügbarkeit der Publikation, die zudem für Verfasser wie Leser beinahe kostenfrei zu haben ist. Dank der Hinzufügung sog. »Metadaten« – ausgewählter Schlagworte – ist Ihr Text vorzüglich recherchier- und bei Interesse umgehend einsehbar; außerdem lassen sich neben Abbildungen auch Film- und Tondokumente oder aufwendige Präsentationsmodelle integrieren. Zudem können Internet-Texte seit dem 1. Januar 2007 über das Online-Meldesystem der VG WORT gemeldet werden. Allerdings muß Ihre Arbeit innerhalb eines Kalenderjahres eine bestimmte Zugriffsquote erfüllen, um an der Ausschüttung teilnehmen zu können.

Die Online-Publikation hat jedoch auch Nachteile. Obwohl Die Deutsche Bibliothek (www.dissonline.de) über die Vergabe von »Persistent Identifiern« (www.persistent-identifier.de) die dauerhafte Zugriffsfähigkeit von Online-Dokumenten gewährleistet, kann niemand sagen, wie sich die Situation in fünfundzwanzig Jahren ausnimmt und ob Ihre Arbeit dann noch auffind- und lesbar ist. Wenn Sie Absolvent der philosophischen Fakultät sind, haben Sie womöglich häufiger mit Texten gearbeitet, die schon einige Jahrhunderte auf dem Buckel hatten; entsprechend dürfte Sie dieser Punkt

interessieren. Auch kann die rein virtuelle und damit gleichsam »unfaßliche« Existenz der Arbeit als Nachteil empfunden werden. Letztlich lohnt sich die Online-Publikation sowohl für diejenigen Absolventen, die ihre Dissertation schnell und kostengünstig veröffentlichen möchten, als auch für jene, die sich am wissenschaftlichen Diskurs beteiligen wollen. Hier sind vor allem Naturwissenschaftler angesprochen, deren Arbeit über eine geringere »Halbwertszeit« verfügt als diejenige von Geisteswissenschaftlern.
Die gelegentlich angesprochenen Kombinationslösungen sind hingegen eher unrealistisch. Theoretisch können Sie nach der Veröffentlichung im Internet zwar versuchen, einen Verlag mit der regulären Drucklegung zu beauftragen, aber es wird sich kaum jemand auf dieses Modell einlassen, da die Arbeit ja bereits anderweitig vorliegt.

> Extrem schnell und noch dazu beinahe umsonst in der Realisation – das Internet weiß für sich einzunehmen, zumal Ihre Arbeit weltweit recherchiert und umgehend eingesehen werden kann. Die dauerhafte Zugriffsfähigkeit über Jahrzehnte hinweg (Stichwort: »Digital for now, analog for ever«) ist allerdings noch fraglich.

Aus eigener Ernte: Herstellung im Selbstverlag

Ihren Text selbst verlegen können Sie auf zweierlei Weise: Sie lassen ihn als Auflage drucken oder geben ihn ins BOD-Verfahren. Jede Lösung hat ihre eigenen Vor- und Nachteile; grundsätzlich berücksichtigen müssen Sie, daß Ihnen sowohl die Gestaltung des Manuskripts als auch diejenige des Umschlags überlassen bleibt.

Seite für Seite: Auflagendruck

Die selbständige Publikation der eigenen Dissertation erinnert grundsätzlich an das Copyshop-Verfahren, nur daß Sie die Herstellung über eine Druckerei abwickeln lassen. Das ist kein Problem,

denn normalerweise bieten diese als zusätzlichen Service auch Bindeleistungen an. Der wesentliche Unterschied besteht darin, daß Sie bei der zuständigen Agentur für die Bundesrepublik Deutschland (www.german-isbn.org) eine kostenpflichtige ISB-Nummer beantragen, um für den Handel recherchierbar zu sein.
Allerdings sind die Vorteile des Selbstverlegens gering. Inwieweit Sie Geld sparen, hängt nämlich von den Herstellungskosten ab, die die durch den Verzicht auf professionellen Satz erwirtschafteten Vorteile womöglich umgehend kompensieren. Immerhin ist Ihr Buch im Unterschied zum Copyshop-Exemplar zumeist auf alterungsbeständige Materialien gedruckt und dank der ISBN recherchierbar. Um alle diese Dinge müssen Sie sich allerdings selbst kümmern.
Hierin liegt dann auch der große Nachteil des Selbstverlegens. Sie bringen Ihr erstes Buch heraus, und genau so wird es auch aussehen. Aufgrund Ihrer Unerfahrenheit können Ihnen zahlreiche Fehler unterlaufen, die gegenüber der Druckerei nicht einklagbar sind; dies gilt insbesondere, wenn Ihr Text Abbildungen enthält. Auch das wirtschaftliche Risiko tragen allein Sie.

> Ein gedrucktes und zudem mit einer ISBN versehenes Buch wird einem Erzeugnis aus dem Copyshop meistens überlegen sein. Allerdings ist das Verfahren weder kostengünstig noch zeitsparend, und besonders ansehnliche Resultate können Sie auch nicht erwarten.

Frisch auf Bestellung: Book On Demand

Das Selbstverlegen lohnt eigentlich nur, wenn Sie es mit dem Verfahren *Book On Demand* (BOD) kombinieren: Bei dieser Methode erfolgt die Buchherstellung erst auf Kundenbestellung, d. h. es wird nicht mit einer festen Auflagenhöhe gearbeitet. Dies spart Kosten und ist – dank digitaler Fertigung – sehr schnell zu realisieren. Allerdings gibt es einige nicht unbedeutende Einwände, was die Fertigungsqualität betrifft, und Abbildungen lassen sich nur in

begrenzter Qualität reproduzieren. Aufwendige Editionen (mit Fadenheftung usw.) sind ausgeschlossen.
Sie können BOD selbst beauftragen oder einen Verlag dazwischenschalten. Wenn Sie als Ihr eigener Verleger fungieren, liefern Sie das reproduzierfähige Manuskript und die Gestaltung des Umschlags; außerdem bestimmen Sie den Preis der Publikation. Die ISBN wird der Hersteller für Sie besorgen, der gegen Aufpreis auch Satz und Layout Ihres Textes übernimmt. Ihr Buch erscheint im VLB, wird bei Bestellung umgehend ausgedruckt, per Hotmelt-Klebebindung in den Umschlag geleimt und anschließend ausgeliefert.
Die Vorteile des BOD liegen in der Mischung aus einem günstigen Preis und einer schnellen Herstellung. Ihr Buch ist recherchier- und über Jahre lieferbar. Das macht das Verfahren ausgesprochen attraktiv, wenn eine schnelle und unkomplizierte Printlösung gesucht wird.
Allerdings sind den gestalterischen Möglichkeiten beim BOD enge Grenzen gesetzt. Abgesehen davon, daß nur bestimmte Papiersorten verwendet werden können, erweist sich insbesondere die Bindung als Stolperstein, da das Hotmelt-Verfahren qualitativ die untere Grenze der Möglichkeiten markiert. Und: Über die Alterungsbeständigkeit der fertiggestellten Bücher liegen bislang nur die Versprechungen der Hersteller, aber keine nachprüfbaren Daten vor. Da weder Papier, Druck noch Bindung über eine hohe Qualität verfügen, scheint ein Schuß gesunder Skepsis durchaus angebracht.

> Im Print-Bereich ist eigenbetreutes BOD die preisgünstigste und schnellste Lösung. Faktoren wie Alterungsbeständigkeit und Repräsentativität sprechen allerdings gegen das Verfahren.

Einzug in die Bibliothek: Die Verlagspublikation

Der Druck einer Dissertation – sei es in Form einer Auflage oder als Book On Demand – ist das Verfahren mit der weitesten Verbreitung und dem höchsten Renommee; es handelt sich gewissermaßen um die »klassische« Art, der Publikationspflicht nachzukommen. Sie wenden sich an einen Verlag, der das Manuskript in enger Absprache mit Ihnen setzt, druckt, bewirbt und vertreibt. Hier hängt viel von der richtigen Verlagswahl ab. Im besten Fall erhalten Sie ein gut gesetztes, solide gedrucktes und haltbar gebundenes Buch, das zum Verlagsprogramm paßt und über eMail, Rundschreiben und Homepage beworben wird.

Für das Printmedium spricht, daß Ihre Arbeit dank ISBN weltweit recherchiert werden kann. Ihr Text bleibt geraume Zeit lieferbar, wird beworben und kann unkompliziert gelesen werden; in Bibliotheken ist das Buch wie die Mikrofiche über Jahrhunderte zugänglich. Zudem liegt – eine entsprechende Aufmachung vorausgesetzt – ein repräsentatives Instrument für das Selbstmarketing vor. Die Nachteile: Eine Buchproduktion kostet Geld und dauert einige Zeit; zudem hat der Verlag aufgrund Ihrer Unerfahrenheit die Chance, Sie mehr oder weniger gewitzt hinters Licht zu führen.

Grundsätzlich gilt: Für gewöhnlich sollte eine Auflage von 300–400 Exemplaren genügen. Wie viele Exemplare Sie hiervon bei Ihrer Universität einreichen müssen, müssen Sie der Promotionsordnung entnehmen; es wird etwa ein halbes Dutzend sein. – Beim BOD können Sie die Auflage von der Nachfrage bestimmen lassen. Hier sind allerdings die Gestaltungsmöglichkeiten der Publikation aus technischen Gründen eingeschränkt.

Für die Printlösung spricht die große Rezeptionsfreundlichkeit des Mediums. Ihr Buch ist optimal recherchierbar, im Handel leicht zu beschaffen und gut zu lesen; außerdem wird es in den Bibliotheken Jahrhunderte überdauern. Allerdings: Wenn Sie auf die schnelle Verbreitung Ihrer Arbeitsergebnisse abzielen, bleibt das Buch im Vergleich zum Internet zurück. Zudem handelt es sich um eine vergleichsweise zeit- und kostenintensive Publikationsform.

Hohe Datenkapazität: Lösungen auf CD und CD-ROM

Bei einer CD bzw. CD-ROM wird Ihr Manuskript – in originaler oder professionell gesetzter Fassung – als Datei auf einen Datenträger gebracht sowie mit einem Covermotiv und einem Klappentext versehen. Das Resultat ist über den Buchhandel erhältlich, sofern ein Verlag den Vertrieb übernommen hat. (Hier wird im folgenden von einer Verlagslösung ausgegangen, zumal Universitäten CDs und CD-ROMs mitunter nur unter der Voraussetzung anerkennen, daß ein Verlag beauftragt wurde.) Dieses Verfahren eignet sich besonders dann, wenn große Datenmengen zu verarbeiten sind, wenn Ihr Text z. B. über umfängliche Anhänge oder Farbabbildungen verfügt, deren Druck schlicht zu teuer käme. Natürlich können auf einer CD-ROM auch Film- und Tondokumente oder aufwendige Präsentationsmodelle untergebracht werden, weil die Kapazitäten ohne Mehrkosten verfügbar sind. Ein weiterer Vorteil liegt in der möglichen Volltextsuche.

Dank ISBN sind CD und CD-ROM genauso gut recherchierbar wie ein Buch: Sie können die verfügbaren Texte entweder am Bildschirm lesen oder ausdrucken. Im Gegensatz zu einer Netzpublikation behalten Sie die Kontrolle über Ihre Arbeit, da diese gekauft und bezahlt werden muß. Außerdem kann der Verlag – sofern er die CD oder CD-ROM selbst herstellt – die Auflage nach dem tatsächlichen Bedarf kalkulieren, was Kosten minimiert.

Die Nachteile sind diejenigen aller ungedruckten Publikationen: Der Leser benötigt ein Abspielgerät und kompatible Programme, um mit Ihrer Arbeit etwas anfangen zu können. Deswegen sperren sich CD und CD-ROM gegenüber der raschen Einsichtnahme z. B. durch potentielle Arbeitgeber. Eine besondere Lage ergibt sich im Hinblick auf mögliche Tantiemen durch die VG WORT: CD-ROMs (verstanden als »Multimedia-CDs«) sind grundsätzlich nicht meldefähig. Fachbücher auf CD (oder DVD) hingegen können Sie melden, sofern von der betreffenden Arbeit innerhalb der Bundesrepublik Deutschland 200 Exemplare verkauft worden sind. Da

sich diese Situation jedoch ändern kann, lohnt es sich, die Internetseiten der VG WORT zu konsultieren.
Auch bei diesem Verfahren müssen Sie der Universität eine bestimmte Anzahl von gedruckten Exemplaren zur Verfügung stellen.

Die Verfügbarkeit umfängliche Datenmengen in buchähnlicher Form – CD und CD-ROM kombiniert die Vorzüge der Kapazität des Internets mit der Recherchierbarkeit einer Printveröffentlichung. Allerdings: Ohne geeignete Abspielgeräte und -programme ist Ihre Arbeit nicht lesbar.

Der Blick in die Zukunft: Das eBook

Das eBook ist die jüngste Lösung, um einem Text Verbreitung zu verschaffen. Im Prinzip handelt es sich um eine Online-Publikation, allerdings unter professioneller Betreuung. Ein Verlag richtet Ihre Arbeit ein und stellt diese ins Netz. Interessenten können den Text kaufen, herunterladen und danach öffnen. Ein Ausdrucken ist nicht immer möglich, zumal einheitliche Standards weiterhin fehlen.
Gegenüber der Online-Lösung genießt das eBook einige Vorteile. Da es von einem Verlag professionell erstellt wurde, ist es nicht nur lesefreundlich eingerichtet, sondern wird regulär beworben und vertrieben. Dank VLB-Eintrag läßt es sich zudem genauso gut recherchieren wie seine Kollegen aus Papier. Zugleich ist es weltweit verfügbar – sofern der Zahlungsfluß geregelt ist.
Allerdings gibt es auch Schwachstellen. Der professionelle Satz kostet Zeit und Geld – hier ist die Online-Publikation nicht zu schlagen. Außerdem vermag niemand Ihre Arbeit ohne entsprechende Geräte und Programme zu lesen. Und: Ihr Text kann genauso gut kopiert und unautorisiert vertrieben werden wie jede andere Datei. Zwar lassen sich über Verschlüsselungs- und Personalisierungsverfahren Barrieren gegen Mißbrauch einbauen, aber diese erhöhen letztlich nur den Schwierigkeitsgrad – unterbinden läßt sich das

Cracking nicht. Natürlich können auch gedruckte Bücher illegal ausgeschlachtet und weiterverwertet werden, aber das eBook macht es Interessierten zweifellos recht einfach. Und das sollten Sie bedenken.
Da das Verfahren sehr neu ist, haben die meisten Universitäten das eBook noch nicht in ihr Regelwerk integriert. Sie können aber davon ausgehen, daß Sie einige Ausdrucke einreichen müssen. Auch stehen Erfahrungswerte im konkreten Umgang mit diesem Medium noch aus, so daß über Zugänglich- und Lesbarkeit der Dateien keine Angaben gemacht werden können.

Professionell gestaltet und zugleich weltweit online verfügbar, kreuzt das eBook die Annehmlichkeiten von Verlagsveröffentlichung und Online-Publikation. Allerdings: Ganz ausgereift ist das Medium noch nicht.

Zusammenfassung

Ausschlaggebend für die Wahl des Mediums ist die Frage, auf welches Ziel die Publikation abhebt. Wenn Sie nur *den Titel führen* wollen, bietet sich eine Veröffentlichung im Internet oder auf Mikrofiche an. Planen Sie eine *akademische Karriere*, sollten Sie sich an einen Verlag wenden oder das Internet nutzen. Letzteres gilt grundsätzlich, falls Sie an einer *raschen Verbreitung Ihrer Arbeit* interessiert sind. Wenn die Dissertation in Ihrem Berufsleben *als Objekt* eine Rolle spielt, sind Sie mit der Wahl eines Verlags gut beraten. Verfügt Ihre Arbeit über *umfängliche Anhänge* (z. B. Farbabbildungen oder ähnliches), kommen CD-ROM und Internet in Frage.

	Copyshop	Mikrofiche	Internet
schnell	ja	ja	ja
recherchierbar	bedingt	bedingt	ja
prof. gesetzt	nein	nein	nein
repräsentativ	nein	nein	bedingt
beworben	nein	nein	nein
kostengünstig	nein	ja	ja
alterungsbeständig	unklar	ja	unklar
tantiemenfähig*	halbe Tantieme	ja	ja
buchhandelsfähig	nein	bei Verlagsvertrieb	nein

	Selbstverlag		Verlag			
	Auflage	BOD	Auflage	BOD	CD/ CD-ROM	eBook
schnell	nein	ja	nein	bedingt	nein	nein
recherchierbar	bedingt	ja	ja	ja	ja	ja
prof. gesetzt	nein	nein	ja	ja	ja	ja
repräsentativ	bedingt	bedingt	ja	bedingt	bedingt	bedingt
beworben	nein	nein	ja	ja	ja	ja
kostengünstig	nein	bedingt	nein	bedingt	nein	bedingt
alterungsbeständig	bedingt	bedingt	ja	bedingt	bedingt	bedingt
tantiemenfähig*	ja	ja	ja	ja	CD: ja CD-ROM: nein	unklar
buchhandelsfähig	bedingt	ja	ja	ja	ja	bedingt

* Es gilt immer der aktuelle Verteilungsplan Wissenschaft der VG WORT, den Sie im Internet einsehen können. Nach dem aktuellen Stand setzt die Tantiemenfähigkeit voraus, daß Ihr Werk in mindestens zwei regionalen Verbundsystemen mit mindestens fünf Standorten nachgewiesen werden kann oder wenn mindestens 100 Exemplare des Werkes verkauft wurden.

WELCHER VERLAG IST DER RICHTIGE FÜR MICH?

Sie haben sich für eine Lösung im Verlagsbereich entschieden und planen eine entsprechende Veröffentlichung als Buch, Mikrofiche oder CD-ROM. Nun müssen Sie einen Verlag finden, der zu Ihrem Spezialgebiet, Ihren Ansprüchen und – natürlich – zu Ihrem Geldbeutel paßt. Entsprechend ist es sinnvoll, sich zunächst zu vergegenwärtigen, worin die Aufgabe des Verlags besteht – was er tun sollte, um Ihren Anforderungen zu genügen. Und tatsächlich läßt sich auf diesem Weg eine Checkliste erarbeiten, die Ihnen hilft, unter potentiellen Kandidaten auszuwählen.

Dieses Kapitel richtet sich in erster Linie an alle, die einer Printlösung den Vorzug geben. Wenn Sie auf Mikrofiche oder CD-ROM veröffentlichen wollen, werden nur einige der Fragestellungen für Sie von Bedeutung sein.

Worin besteht die Aufgabe des Verlags?

Der Verlag ist ein Unternehmen, das Werke der Literatur, Kunst, Musik oder Wissenschaft medial vervielfältigt und verbreitet. Zu seinen Aufgaben gehört es, ein *abgestimmtes und ansprechendes Programm* zu pflegen, das bestimmte Themen in den Vordergrund stellt; die *Druckvorbereitung und Buchherstellung* zu übernehmen, wozu – neben der Erstellung der Druckvorlage – auch die Bestimmung von Papiersorte, Bindeart, Einbandqualität sowie eine adäquate Umschlaggestaltung gehören; den *Vertrieb des Buchs* durch Kooperation mit Grossisten und Buchhandel zu gewährleisten, was u.a. über die Kennzeichnung des Buchs mit einer Internationalen Standard-Buchnummer (ISBN), die Aufnahme ins Verzeichnis Lieferbarer Bücher (VLB) sowie eine Meldung an Die Deutsche Bibliothek (DBB) geschieht; die Existenz der Bücher *dem Publikum mitzuteilen*, z. B. durch Werbemaßnahmen, Präsenz auf Buchmessen und Bereitstellung von Rezensionsexemplaren. Schließlich sollten die Bände über eine bestimmte und nicht zu knapp bemessene Frist *lieferbar gehalten* werden.

Der Verlag steht institutionell zwischen Ihnen und dem Publikum. Dies bedeutet, daß er im wesentlichen ein Vermittler ist, der dafür Sorge trägt, daß Ihr Manuskript in einer geeigneten Form am Buchmarkt ankommt, wahrgenommen wird und geraume Zeit verfügbar bleibt.

Welche Kriterien wende ich an?

Wenn Sie sich für einen bestimmten Verlag interessieren, ist nicht allein die Summe unter dem Kostenvoranschlag für Sie von Interesse. Tatsächlich sollten Sie sich das Unternehmen anhand seiner Produkte anschauen und dabei die folgenden Punkte berücksichtigen:

- Wie ist das *Verlagsprogramm* aufgebaut?
- Welchen Eindruck macht die *Buchausstattung* auf mich?
- Stimmt das *Preis-/Leistungsverhältnis* bei den Büchern?
- Betreibt der Verlag *Werbung*, z. B. durch Gesamtkatalog und eigene Website?
- Wie sehen die *Reaktionen der Presse* auf die Verlagspublikationen aus?
- Wird mit dem *Buchhandel kooperiert*, z. B. durch die Inanspruchnahme einer Verlagsauslieferung?
- Und nicht zuletzt: Kennen Sie jemanden, der bereits in dem Verlag publiziert hat und den man nach seinen *Erfahrungen* fragen könnte?

Eine Printproduktion sollte nicht allein nach dem Kostenvoranschlag bewertet werden. Mindestens ebenso wichtig ist die Güte der Betreuung, die der Verlag den Manuskripten und Büchern zukommen läßt.

Die Visitenkarte: Das Verlagsprogramm

Jeder Verlag zeichnet sich durch ein individuelles Programm aus, das eine bestimmte Linie betont. Es werden zum Beispiel ausschließlich juristische oder geistesgeschichtliche Arbeiten publiziert. Diese Spezialisierung hat ihre Gründe: Es braucht *fachliche Kompetenz*, um die Güte eines Manuskripts beurteilen zu können. Der Verlag muß sein *Profil* gegenüber der Konkurrenz schärfen. Und: Er muß sich absetzen, um ein *bestimmtes Publikum* anzuziehen.
Für Sie hat dies den Vorteil, daß Ihr Text in einem hochwertigen Umfeld erscheint. Mitunter bürgt schon der Verlagsname für eine gewisse Qualität. Zudem können Synergieeffekte wirksam werden. Ein Kunde, der sich für einen bestimmtes Titel interessiert, stößt beim Recherchieren im Netz vielleicht auch auf Ihren Text. Entsprechend sind Sie in einem Verlag grundsätzlich sehr gut aufgehoben. Sollte dessen Sortiment hingegen zusammengewürfelt aussehen, ist Skepsis anzuraten.
Als nächstes stellt sich die Frage, wie weit das Programm des Verlags zeitlich in die Tiefe reicht. Dies betrifft Sie zweifach: Zum einen möchten Sie, daß der Verlag ihr Buch *einige Jahre führt* und nicht zu schnell aussondert und remittiert. Zum anderen hat sich der Verlag mit wachsendem Alter immer besser in die *Kulturlandschaft integriert*. Er kann mit einem ausgebauten Verteiler für Werbesendungen oder generell mit interessanten Pressekontakten aufwarten. Auf die Formel »Je älter, je besser« möchte sich – außer bei Spirituosen – wohl niemand einlassen. Dennoch: Es kann nicht schaden, wenn der Verlag bereits gut eingeführt ist.

Übrigens gewähren Verlage ihren Autoren und Herausgebern für gewöhnlich 30 % Rabatt auf alle lieferbaren Titel ihres Programms. Das sollte Ihre Entscheidung nicht beeinflussen, ist aber trotzdem gut zu wissen.

Der Verlag sollte in der Programmgestaltung Zielgerichtetheit und Niveau erkennen lassen. Eine gut sortierte »Backlist« läßt auf Etablierung und dauerhafte Lieferbarkeit schließen.

Qualität schadet niemals: Die Buchausstattung

Aus Ihrer Zeit an der Universität haben Sie vielfältig Erfahrungen mit Büchern gemacht. Es gab welche, die sich noch nach Jahrzehnten oder Jahrhunderten problemlos benutzen ließen, aber auch andere, bei denen dies nicht der Fall war. Lose Blätter oder unscharfer Druck können höchst unerfreuliche Leseerlebnisse bescheren. Entsprechend sollten Sie bei den Produkten des von Ihnen anvisierten Verlags den Praxistest machen. Am besten erledigen Sie dies in Ihrer Seminarbibliothek, wo sich die Belastbarkeit von Büchern Tag für Tag erweisen muß:

- Sind einzelne *Seiten lose*, oder ist gar die Bindung *komplett geborsten*?
- Hat sich der *Buchblock aus dem Umschlag gelöst*?
- Wirkt das Papier *billig*, oder weist es *Gilbspuren* auf?

Vorsicht ist immer dann angeraten, wenn Bücher bereits nach sehr kurzer Einstelldauer zum Buchbinder gegeben werden mußten oder für die Entleihe (oder die Einsichtnahme) gesperrt wurden. Dies läßt auf eine mangelhafte Verarbeitungsqualität schließen. Mitunter gehen die Titel bestimmter Verlage *grundsätzlich*, d.h. noch vor der ersten Benutzung zum Binder! Doch auch zum Druckbild läßt sich vielerlei bemerken:

- Handelt es sich bloß um ein *vervielfältigtes Manuskript*, oder liegt ein *professioneller Satz* vor?
- Wie gut läßt sich der Text lesen? Geht die Lektüre *problemlos* vonstatten, oder gerät das Auge ins »Stolpern«?
- Welche *Qualität* haben die Abbildungen?
- Wie wirkt die Seitengestaltung auf Sie? Ist der Text *übersichtlich* oder *unordentlich* angeordnet?

Schließlich: Der Einband.

- Welche Wirkung hat das Coverdesign? Wurde einfach nur Text schwarz auf weiß gedruckt, oder ist eine *ambitionierte Gestaltung* erkennbar?
- Fällt der Band dank *attraktivem Layout* im Regal auf, oder geht er in der Masse der anderen Bücher unter?
- Schließlich: Wirkt der *Klappentext* steifleinen und langweilig, oder lädt er zum Lesen ein?

Sollten Ihnen einige dieser Punkte unangenehm auffallen, könnte sich der entsprechende Verlag als ungeeignet erweisen.

> Eine ebenso haltbare wie angenehme Grundausstattung bei Druck-, Papier- und Einbandqualität ist kein Luxus, sondern das Kapital eines jeden Verlags.

Von der Angemessenheit: Die Preisgestaltung

Von dem Verhältnis zwischen Preis und Leistung hat jeder seine eigene Vorstellung. Entsprechend läßt sich die Frage nach einer akzeptablen Gestaltung nicht pauschal beantworten. Dieses Problem kennen auch die großen Publikumsverlage, die in den letzten Jahren zunehmend verzweifelt versuchen, das Buch preislich unter 25 € pro Titel zu halten. Bei umfänglichen Texten geht dies nur noch über Verzicht auf Ausstattung, und so sinken selbst bei großen Häusern die Papier- oder Bindequalitäten. Es wird auf billige Materialien zurückgegriffen oder auf die alterungsbeständige Fadenheftung verzichtet, obwohl hiermit im Verhältnis zur Gesamtsumme nur wenig Geld einzusparen ist.

Wissenschaftliche Verlage haben dieses Problem in geringerem Maß. Hier ist die Käuferschaft aufgrund der entlegenen Inhalte und den damit verbundenen Kleinstauflagen an ein höheres Preisniveau gewöhnt. In astronomische Höhe darf es dennoch nicht klettern. Schließlich ist es so, daß die Produktion in den allermeisten Fällen durch den Druckkostenzuschuß des Verfassers gedeckt wird. Entsprechend sollte sich der Preis für eine durchschnittliche Dissertation mit 200 S. Umfang und einem broschierten Einband zwischen 25 und 40 € bewegen. Ist der Text umfangreicher, kommen Farbabbildungen oder ein Festeinband hinzu, kann der Preis auf bis zu 60 € steigen. Dies sind natürlich nur Annäherungswerte, die in Einzelfällen auch mal über- oder unterschritten werden können. Insbesondere bei sehr aufwendigen Produktionen z. B. aus dem kunsthistorischen Bereich sind Endsummen von bis zu 100 € möglich.

Entsprechend sollten Sie die Preisgestaltung des Verlags kritisch prüfen. Werden unscheinbare Paperbacks für 50–60 € verkauft, ist Vorsicht geboten. Nicht nur wegen einer denkbaren Gewinnmaximierung von Seiten des Verlags: Überhöhte Preise stehen der Verbreitung Ihres Buchs im Wege. Grundsätzlich ist zwar primär das Thema (und danach die Ausstattung) interessant. Doch nicht nur Privatleute, auch Bibliotheken haben nur ein begrenztes Budget zur Verfügung. Je höher aber der Interessentenkreis für Ihre Arbeit, desto wichtiger wird die Preisgestaltung, um jenseits der Spezialisten Käuferschichten anzusprechen.

Die Preisgestaltung des Verlags sollte sich in dem bei wissenschaftlichen Büchern üblichen Rahmen bewegen, um die Verbreitung Ihrer Arbeit nicht zu unterlaufen. Dieser bewegt sich in den meisten Fällen zwischen 25 und 40 € pro Titel.

Werbung tut not: Öffentlichkeitsarbeit

Ein Buch herzustellen, ist das eine; es auch zu vertreiben, das andere. An diesem Punkt sollten Sie vitales Interesse haben, da mit der reinen Abstapelung Ihres Titels im Verlagslager noch nicht viel gewonnen ist. Schließlich wollen Sie, daß Ihr Text Leser findet oder zumindest in den großen Universitätsbibliotheken verfügbar gehalten wird. Dafür aber müssen die in Frage kommenden Interessenten von ihrem Buch erfahren, und das geht nur über Werbung.

Der Verlag kann sich bei der Öffentlichkeitsarbeit verschiedener Mittel bedienen:
Werbung per Einzelträger. Auf Basis angelegter und sortierter Adressenlisten kommt es zur gezielten Einzelankündigung Ihres Buchs. Das kann per Postkarte, Fax oder Anschreiben geschehen; am preisgünstigsten ist es per eMail. Hilfreich: Ein Newsletter, der von Interessenten abonniert werden kann.
Werbung per Sammelträger. Der Verlag präsentiert sein Programm über einen regelmäßig veröffentlichten Prospekt (der kostenfrei angefordert werden kann bzw. einschlägigen Buchhandlungen zugeht) und pflegt eine detaillierte Website, die regelmäßig – d. h. mindestens vierteljährlich – aktualisiert wird. Wichtig ist, auch wissenschaftliche Bibliotheken auf den Verteiler zu setzen und den Katalog in festen Abständen (z. B. einmal im Jahr) zu aktualisieren. Welche Einzelträger der Verlag regelmäßig nutzt, können Sie zumeist nur im direkten Kontakt herausfinden. Die Sammelträger hingegen sind frei zugänglich und sollten von Ihnen schon im Hinblick auf das präsentierte Programm kritisch geprüft werden.
Versendung von Rezensionsexemplaren. Wenn ein Journalist Ihr Buch besprechen will, sollte er die Möglichkeit haben, es kostenfrei anzufordern. Ein Aussenden entsprechender (Fax-)Formulare hilft, diesen Vorgang reibungslos zu gestalten.

Wünschenswert, aber von kleinen Verlagen aus Kostengründen nur bedingt zu realisieren, sind die folgenden Möglichkeiten:

Anzeigen in der Fachpresse. Die Kosten hierfür übersteigen gewöhnlich die erzielten Mehreinnahmen. Allerdings kommen entsprechende Anstrengungen der generellen Medienpräsenz des Verlags zugute.
Repräsentanzen auf den Buchmessen. Die großen Veranstaltungen in Frankfurt a.M. und Leipzig richten sich nach den Publikumsverlagen, denen für gewöhnlich die ganze Aufmerksamkeit der Besucher (also auch der Presse) gilt. Wissenschaftliche Verlage nutzen den Messeauftritt daher bestenfalls zur generellen Eigenwerbung, nicht aber zur Präsentation bestimmter Titel. Sollte ein Verlag diesen Service anbieten, wäre dies zwar löblich, könnte sich aber u.U. in einem erhöhten Druckkostenanteil niederschlagen. Generell läßt sich sagen, daß über Rezensionen und zielgruppenorientierte Werbung ein wesentlich höherer Effekt zu erreichen ist.

Gesamtverzeichnis und Homepage signalisieren, daß der Verlag nicht nur von der Herstellung, sondern auch vom Verkauf seiner Bücher lebt. Gezielte Einzelwerbung hilft, Ihren Titel der Öffentlichkeit anzuzeigen.

Das Urteil der anderen: Pressereaktionen

Als Vermittler zwischen Verleger und Leser fungiert nicht nur der Buchhandel, sondern auch die Presse. Dies ist Ihr Vorteil, denn Sie können aus den Besprechungen einiges über den Verlag und seinen Umgang mit der Öffentlichkeit entnehmen. Im Internet finden Sie entsprechende Hinweise, wenn Sie ältere Titel des Verlags in eine Suchmaschine eingeben.
Ausschlaggebend ist dabei die reine Existenz der Rezension. Sie zeigt an, daß der Verlag die Verbreitung seiner Schriften im Auge hat. Handelt es sich um die Rezension in einer *Fachzeitschrift* (oder deren Äquivalent im Internet), wird der Verlag von der akademischen Welt wahrgenommen. Wurde die Rezension hingegen in einer *Tageszeitung* (oder einem offenen Forum im Netz) abgedruckt,

spricht dies für die allgemeine Verbreitung der Verlagsbücher. Die Wertung der Rezension ist für Sie allerdings nur bedingt von Interesse. Bei der fachlichen Besprechung geht es um inhaltliche Dinge, die für Sie ohne Belang sind; die Fertigungsqualität kommt dabei meist nicht zur Sprache. Die Tagespresse hingegen hat für Verrisse mitunter schlicht keinen Platz. Am ehesten werden Sie im Internet eine »offene« Meinung zu hören bekommen, die aber mitunter unsachlich sein kann.
Übrigens: Ein gut geführter Verlag wird es sich nicht nehmen lassen, Auszüge positiver Kritiken in seinem Werbematerial unterzubringen! Und: Das Sammeln und Verschicken von Rezensionen an die betroffenen Autoren gehört ebenfalls zu den Aufgaben des Verlags.

> Bereits das grundsätzliche Vorhandensein von Pressekritiken ist ein Hinweis darauf, daß dem Verlag an Publizität gelegen ist. Als optimal kann eine Mischung aus Reaktionen der Fach- wie der Tagespresse angesehen werden.

Der Weg zum Käufer: Vertrieb und Handel

Bücher werden vom Endverbraucher noch immer primär über den Buchhandel gekauft und nur in den seltensten Fällen direkt beim Verlag bestellt. Dies gilt insbesondere, seit große Internet-Buchhandlungen mit attraktiven Modalitäten (wie Verfügbarkeitsanzeige, Portofreiheit und Leserkommentar) um Kunden werben. Entsprechend ist es wichtig, daß der Verlag Beziehungen zum Buchhandel aufbaut. Dies klingt selbstverständlich, ist es aber nicht. Wenn die Produktion Ihres Buchs vom Druckkostenzuschuß gedeckt wird, liegt es am Verlag, ob er durch den Abverkauf zusätzliche Gelder einnehmen möchte oder nicht. Es gibt durchaus Häuser, die sich diese Mühe ersparen.
Voraussetzung jedes Umgangs mit dem Handel ist ein realistischer Rabattsatz. Dieser beträgt für gewöhnlich 30–40% und bezeichnet die Verdienstspanne des Händlers. Nur bei sehr hochpreisigen Ob-

jekten kann der Rabatt auf 25 % gekürzt werden. Räumt der Verlag hingegen grundsätzlich nur 10 % ein – und dies kommt im Wissenschaftssektor vor –, hat der Handel verständlicherweise kein Interesse an einer Kooperation. Dies ist umso fataler, weil dann *Grossisten* wie beispielsweise Libri oder Koch, Neff und Oetinger (KNO) Ihr Buch nicht verfügbar halten. Dazu muß man wissen, daß auch der Buchhandel ungern bei Kleinverlagen bestellt, da dies mit Aufwand und Mehrkosten (Einzelporto) verbunden ist. Statt dessen wendet er sich lieber an den Grossisten, der ihm – neben der Lieferung über Nacht – Vorzüge wie Sammelporto offeriert. Parallel steht noch die Möglichkeit einer *Verlagsauslieferung* zur Verfügung, die ähnliche Vorteile für den Buchhandel hat. Ist der Verlag jedoch weder bei einem Grossisten noch bei einer Verlagsauslieferung präsent, kann es sein, daß der Buchhandel dem kaufwilligen Kunden mitteilt, daß der entsprechende Titel vergriffen sei oder sechs Wochen Lieferfrist hätte. (Tatsächlich liefert jeder kleine Verlag innerhalb von drei Tagen aus.) Dies bedeutet, daß sich für den Handel entweder die Mühe nicht lohnt oder die Recherche erfolglos verlief. Pech für den Kunden, für den Verlag und für Sie – falls es sich um Ihr Buch handelt.

Ein weiterer Punkt: Verfügt der Verlag über einen Verlagsvertreter, der das Programm den Buchhändlern persönlich vorstellt? Bei wissenschaftlichen Titeln genügt ein deutschlandweit operierender Vertreter, der zweimal im Jahr die Fachbuchhandlungen – meist im Namen mehrere Verlage – ansteuert, um ausführlich über Neuerscheinungen zu informieren.

> Will der Verlag nicht auf Selbstvertrieb angewiesen sein, muß er mit einem Grossisten kooperieren und/oder eine Verlagsauslieferung beauftragen. Ein Vertreter hilft, das Programm dem Fachbuchhandel vorzustellen.

Wege zum Buch: Grossist und Verlagsauslieferung

Angesichts einer Gesamtmenge von rund 800.000 Titeln können es sich nicht einmal die Internet-Buchhandlungen erlauben, alle Bücher stets lieferbar zu halten. Dies betrifft den örtlichen Buchhandel noch stärker, da dieser platzbedingt nur im Ausnahmefall an die 10.000 Titel unterbringen kann. Zumeist sind erheblich weniger vorhanden. Um die Kundschaft schnell und zuverlässig mit seltener nachgefragten Büchern versorgen zu können, existieren daher Grossisten und Verlagsauslieferungen.

Grossisten (auch als »Barsortimente« bezeichnet) sind *eigenständige Zwischenhändler*, die ein selbstgewähltes Sortiment betreiben. Gegenüber dem Verlag treten sie als Kunden auf, was bedeutet, daß der Verlag nicht bestimmen kann, welche seiner Titel vom Grossisten lieferbar gehalten werden. Der Handel vermag im Idealfall so gut wie alle Buchbestellungen eines Tages verlagsunabhängig über Grossisten abzuwickeln. Die Bände werden umgehend (zumeist über Nacht) zugestellt, wobei nur einmal Versandkosten anfallen. Auch wird eine Sammelrechnung erstellt. Allerdings lassen sich Grossisten diesen Service teuer bezahlen: Gegenüber dem Verlag beträgt ihr Rabatt nicht reguläre 30–40, sondern 50 % – und manchmal gar mehr. Das macht die Kooperation gerade für kleine Verlage sehr schwierig. Dies gilt umso mehr, da inzwischen 60–70 % aller Bücher über Grossisten vertrieben werden, was die Gewinnspanne von Kleinverlagen beträchtlich dezimiert.

Verlagsauslieferungen hingegen sind *reine Dienstleister*. Sie vertreten mehrere Verlage, für die sie Lagerhaltung, Versand und Abrechnung übernehmen. (In dieser Eigenschaft beliefern sie auch die Grossisten.) Für ihren Service, der dem Verlag viel Arbeit erspart, erheben sie Gebühren. Anders als beim Grossisten hat der Verlag hier jedoch ein Mitspracherecht, welche Titel gelistet werden; es wird in der Regel das gesamte verfügbare Programm sein. Die Vorteile des Buchhandels bestehen wieder in der Möglichkeit, Titel verschiedener Verlage aus einer Quelle zu beziehen, was Porto und Mühen niedrig hält.

Mit dem Verlag auf Du und Du: Persönliche Erfahrungen

Kein Zweifel: Den wertvollsten Eindruck vom Innenleben eines Verlags erhalten Sie von denjenigen, die bei ihm bereits einmal publiziert haben. Auch wenn Sie bei Kommentaren immer die Persönlichkeit desjenigen berücksichtigen sollten, der sie äußert, handelt es sich grundsätzlich um erstklassige Hinweise. Dies gilt umso mehr, da Sie regelrechte »Insider«-Informationen erhalten können, die den persönlichen Umgang, die Einhaltung der vertraglichen Vereinbarungen und ähnlich sensible Bereiche betreffen. Folgende Aspekte sollten Sie im Gespräch zu klären versuchen:

- Welche Qualität hatten die *Beratungsgespräche*? Wurde die Edition ausreichend vorbereitet?
- Entsprach der *Satz des Manuskripts* und die *Gestaltung des Umschlags* den Erwartungen?
- Erwies sich der *Kostenvoranschlag* als zutreffend?
- Hat der Verlag seine *Terminvereinbarungen* eingehalten?
- Wurden die zugesicherten *Werbemaßnahmen* durchgeführt? Gibt es *Rezensionen* des veröffentlichten Buchs?
- Informiert der Verlag regelmäßig über die *Verkaufszahlen*?
- Und schließlich: Wie gestaltete sich der *persönliche Umgang*?

Sollten Ihnen Autorinnen und Autoren des Verlags bekannt sein, befinden Sie sich wahrscheinlich schon mit ihnen im Gespräch. Falls Sie niemanden kennen, versuchen Sie, anhand der erfolgten Veröffentlichungen mit jemandem Kontakt aufzunehmen. Der oder die Publizierte kennt Ihre Situation aus eigener Anschauung und wird sicher gern (womöglich nur gar zu gern) Auskunft geben.

> Persönliche Erfahrungen sind ein wichtiger Schlüssel, um die Qualität, Zuverlässigkeit und Seriosität eines Verlags beurteilen zu können. Es lohnt sich, entsprechende Kontakte aufzunehmen.

Wie finde ich den richtigen Verlag?

Zugegeben: Es ist nicht ganz einfach, den richtigen Verlag für die eigene Dissertation zu finden. Vorweg aussortieren können Sie die großen Verlagshäuser. Hier werden so gut wie keine Doktorarbeiten veröffentlicht, da diese Unternehmen ein Publikum bedienen, das sich in Tausenden mißt – und eine derartige Erwartungshaltung sollten Sie Ihrem Text nicht zumuten. Erste Hinweise bei der Suche nach einem thematisch passenden und ortsnahen Verlag erhalten Sie von Ihrer Prüferin oder Ihrem Prüfer, der Fachschaft, dem Dekanat (wo oft einschlägiges Werbematerial aushängt) sowie im Internet. Besonders wichtig sind Hinweise von anderen Doktoranden, die schon publiziert haben. Dann können Sie zwei Strategien einschlagen:

Die *thematische* Suche. Sie orientieren sich an den Publikationen innerhalb Ihres Fachgebiets und schauen sich diejenigen Verlage näher an, deren Publikationen Ihnen aufgefallen sind. Hier wären Sie inhaltlich in guter Gesellschaft.

Die *ortsgebundene* Suche. Sie nehmen sich das Branchenbuch Ihrer Universitätsstadt vor und recherchieren, welche ortsansässigen Verlage wissenschaftliche Titel veröffentlichen. Die räumliche Nähe erleichtert die angestrebte Zusammenarbeit beträchtlich. Auch das Internet leistet hier gute Dienste. – Optimal wäre es, wenn Sie beide Aspekte in Einklang bringen könnten.

> Hinweise auf einen geeigneten Verlag erhalten Sie zumeist schon an Ihrer Universität. Darüber hinaus sollte eine themen- oder ortsorientierte Suche brauchbare Ergebnisse erzielen.

Checkliste

	Verlag 1	Verlag 2	Verlag 3
Verlagsprogramm			
Hat sich der Verlag spezialisiert?	❑	❑	❑
Hat der Verlag fachintern einen »Namen«?	❑	❑	❑
Gibt es den Verlag schon einige Jahre?	❑	❑	❑
Ist das Programm niveauvoll?	❑	❑	❑
Wird eine Backlist gepflegt?	❑	❑	❑
Buchausstattung und -preis			
Ist die Buchausstattung ansprechend?	❑	❑	❑
Wirkt das Druckbild professionell?	❑	❑	❑
Werden die Umschläge sorgsam gestaltet?	❑	❑	❑
Sind die Klappentexte treffend formuliert?	❑	❑	❑
Ist der Preis angemessen?	❑	❑	❑
Vertrieb			
Wird ein angemessener Händlerrabatt gewährt?	❑	❑	❑
Existieren Verträge mit Grossisten?	❑	❑	❑
Wird eine Verlagsauslieferung in Anspruch genommen?	❑	❑	❑
Sind Verlagsvertreter aktiv?	❑	❑	❑

Werbung und Presse			
Werden eMails, Faxe oder Postkarten verschickt?	❑	❑	❑
Existieren Homepage oder Gesamtprospekte?	❑	❑	❑
Werden Anzeigen in der Fachpresse geschaltet?	❑	❑	❑
Erhält der Buchhandel regelmäßig Prospekte?	❑	❑	❑
Gibt es Rezensionen in der Presse?	❑	❑	❑
Persönliche Erfahrungen			
War die Beratung umfassend?	❑	❑	❑
Stimmte die Qualität der Umsetzung?	❑	❑	❑
Wurde der Kostenvoranschlag eingehalten?	❑	❑	❑
Trafen die Terminvereinbarungen zu?	❑	❑	❑
Entsprach die Werbung den Ankündigungen?	❑	❑	❑
Wurde das Buch rezensiert?	❑	❑	❑
Informiert der Verlag über Verkaufszahlen?	❑	❑	❑
War der persönliche Umgang angenehm?	❑	❑	❑

WELCHE BUCHAUSSTATTUNG WÄHLE ICH?

Trotz Internet und PC-Technologie umgeben uns Bücher weiterhin mit einer Selbstverständlichkeit, der etwas erstaunliches anmutet. So ist z.B. der jährliche Ausstoß an Neuerscheinungen allen Absatzkrisen zum Trotz mit rund 80.000 Titeln ebenso immens wie konstant. Im Alltag spielt allerdings die Herstellungsart eines Buchs – also ob es fest gebunden, als Broschur oder als Taschenbuch daherkommt – allenfalls preislich eine Rolle; es sei denn, Sie gehören zu jener schwindenden Minderheit an Lesern, denen das Äußere eines Buchs – also die Einbandqualität oder die Güte der Typographie – etwas bedeutet. Gerade der professionelle Satz einer Publikation ist vom Rotstift bedroht. Nicht selten wird Langeweile beim Lesen dem Autor angelastet, dabei kann selbige auch von einem unpassenden Satzbild (falsche Schriftart bzw. -größe) verursacht werden. Auch Druck- und Papierqualität spielen für ein ermüdungsfreies Lesen eine große Rolle.

Natürlich müssen Sie nicht bibliophil veranlagt sein, um ein Buch in Auftrag zu geben. Heutzutage handelt es sich auch hierbei um weitgehend standardisierte Vorgänge, bei denen Sie aus einer Reihe von Varianten wählen können. Bei Null muß also niemand anfangen. Allerdings ist es nützlich, sich zunächst ein paar Grundbegriffe des Buchwesens anzueignen. Was ist eigentlich ein Buch? Die Minimaldefinition lautet wohl wie folgt: Bücher bestehen aus Papier und verfügen über einen Einband. Doch das kann nicht mehr als ein Anfang sein. Bücher sind entweder mit einem festen oder einem flexiblen Einband ausgestattet. Im ersten Fall spricht man vom *Festeinband* oder *Hardcover*; Buchhandel und Presse haben sich zudem die irreführende Bezeichnung »gebunden« (»geb.«) angewöhnt, als wenn andere Bücher als Loseblattsammlungen daherkämen. Flexible Einbände werden hingegen als *Broschuren* oder neudeutsch als *Paperbacks* oder *Softcover* bezeichnet. Auch das kleinformatige Taschenbuch ist eine Broschur. Papier kann in den unterschiedlichsten Qualitätsstufen Verwendung finden. Reguläre Bücher verwenden zumeist *holz- und säurefreie Werkdruckpapiere*, die sich nicht nur durch Augenfreundlichkeit, sondern auch durch Alterungsbeständigkeit auszeichnen. Dann muß ein Druckverfahren ausgewählt werden – die gebräuchlichsten sind Offset- und Digitaldruck. Von letzterem ist BOD eine Variante. Papiere müssen zusammengeführt werden. Dies kann durch die höherwertige *Fadenheftung* oder die zumeist genutzte *Klebebindung* geschehen, die gelegentlich noch (nach ihrem Erfinder Emil Lumbeck) als »Lumbecken« bezeichnet wird. Schlußendlich läßt sich die Optik (und mitunter auch die Haptik) eines Buchs durch Zugaben wie *Lesebändchen, farbige Vorsatzpapiere, Rückenschildchen* u. ä. verfeinern. Wer mag, kann hier sehr kreativ werden.

Bei der Buchherstellung müssen Sie im wesentlichen Einbandart, Papiersorte, Bindequalität und Druckverfahren bestimmen – was nicht so schwer ist, wie es sich vielleicht anhört. All diese Faktoren bestimmen die Güte Ihres Buchs; sie sind allerdings nicht nur von Ihrem Geschmack, sondern auch von Ihren finanziellen Möglichkeiten abhängig.

Fest oder flexibel: Einbandarten

Als Einband bezeichnet man die äußere Hülle eines Buchs. Er hält die zu einem Buchblock gebundenen Einzelseiten des Texts zusammen und verleiht ihnen dauerhafte Gestalt. Der Einband gliedert sich in drei Teile: der *Vorderseite* (Frontcover), die neben Autor-, Titel- und Verlagsangabe zumeist ein Bildmotiv präsentiert, der *Rückseite* (Backcover) mit Klappentext und ISB-Nummer, oft auch mit biographischen Angaben zur Autorin bzw. zum Autor sowie dem *Buchrücken*, der beide Elemente miteinander verbindet. Auch hier sind Autor, Titel und manchmal zudem der Verlag angegeben.

Buchbegriffe

Festeinband

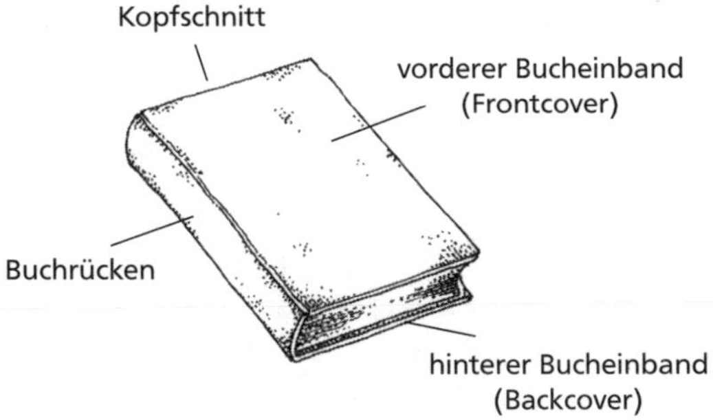

Klappenbroschur

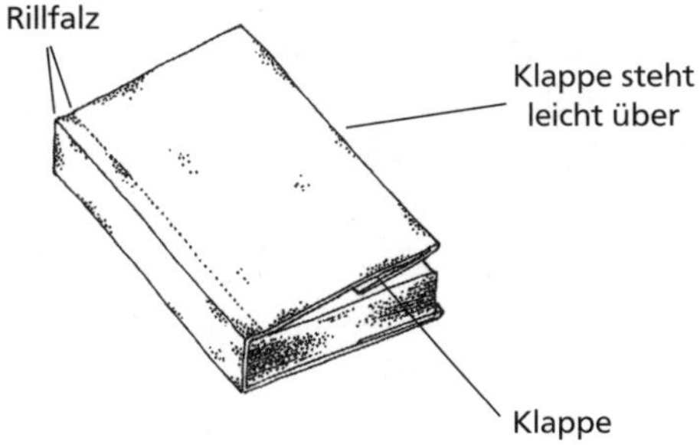

Broschur

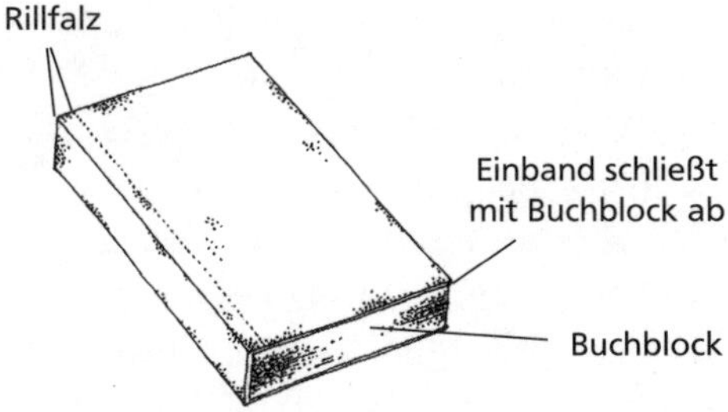

Bucheinbände stehen in verschiedenen Qualitäten zur Verfügung. Die für Dissertationen gängigsten Formate sind sicherlich Broschur und Festeinband.

Die *Broschur* wird auch als *Paperback* oder *Softcover* bezeichnet. Der Umschlagkarton ist dünn und entsprechend flexibel. Bei Broschuren wird der Buchblock direkt in den Umschlag geleimt. Es existieren zwei Varianten, nämlich die *französische Broschur* – bei der zusätzlich ein Schutzumschlag hinzukommt, der jedoch am Rücken fest mit dem Kartoneinband verbunden ist – und die *Klappenbroschur*, die auch als *englische Broschur* bezeichnet werden kann. Hierbei hat der Buchdeckel auf Vorder- wie Rückseite Überbreite und wird eingeschlagen; die so entstehenden Buchklappen können gestalterisch für Werbetexte oder eine Autorenbiographie genutzt werden.

Der *Festeinband* (das *Hardcover* oder *»gebundene« Buch*) verdankt seinem Namen der Verwendung stabilen Kartons. Der mittels Gaze fixierte Buchblock wird über das vordere und hintere Vorsatzpapier mit dem Einband verbunden. Auch hier gibt es mehrere Varianten. Zum einen kann man den Festeinband zusätzlich mit einem *Schutzumschlag* (»geb. mit SU«) ausstatten, zum anderen läßt sich der Einband auf unterschiedliche Weise bedrucken oder mit Überzugspapieren (Buntpapier, Bütten) oder -stoffen (Leinen, Leder) versehen. In solchen Fällen wird oft nur der Buchrücken mit Text versehen.

Zwischen beiden Arten abzuwägen, ist in diesem Fall tatsächlich eine Frage des Geldes. Festeinbände sind sehr viel teuerer als Broschuren und können im Einzelfall den Preis der Buchproduktion mehr als verdoppeln. Für den Festeinband nimmt zwar ein, daß er nicht nur haltbarer, ansehnlicher und repräsentativer ist, doch sprechen die hohen Kosten zumeist gegen ihn. Daher sollte der Festeinband nur dann gewählt werden, wenn auch die restliche Produktion entsprechend hochwertig konzipiert wurde.

Eine wichtige Rolle im Herstellungsprozeß spielt das *Kaschieren* bzw. *Laminieren* von Einbänden und Schutzumschlägen. Hierbei wird der bedruckte Untergrund mit einer hauchdünnen Plastikfolie bezogen, um das Material abriebfest zu machen. Dies verhindert das vorzeitige Abblättern der Farbe. Es stehen sowohl *Matt-* als auch *Glanzkaschuren* zur Verfügung; wofür Sie sich entscheiden, ist reine Geschmackssache. Dieses Verfahren kommt grundsätzlich bei Broschuren (und den allermeisten Schutzumschlägen) zum Einsatz. Festeinbände werden hingegen nur kaschiert, wenn der Einband bedruckt wurde. – Das ebenfalls angebotene *Lackieren* eines Einbands bietet hingegen keinen dauerhaften Schutz vor Abrieb und Verschmutzung.

Die Wahl zwischen der flexiblen Broschur und dem stabilen Festeinband wird im wesentlichen vom Geldbeutel bestimmt. Grundsätzlich sind Sie mit einer matt- oder hochglanzkaschierten Broschur gut bedient.

Wichtig beim Broschureinband ist das vierfache *Rillen.* Hierbei handelt es sich um ein Falzverfahren, mit dem der Umschlag auf den Buchblock vorbereitet wird. Manche Bücher sind nur zweifach oder gar nicht gerillt; dies ist derzeit bei BOD der Fall. Dort wird der Umschlag ungefalzt um den Buchblock gelegt und dann via Hotmelt festgeklebt, was zu unschönen und wenig haltbaren Resultaten führen kann.

Vom Rascheln und Blättern: Papiersorten

Papier ist der entscheidende Werkstoff bei der Herstellung von Büchern und wird vom Laien dennoch gern unterschätzt. Denn nicht nur für die bloße Existenz, auch für die Halt- und sogar für die Lesbarkeit eines Buchs spielt Papier eine grundlegende Rolle. Ungeeignetes Papier läßt Ihr Buch nämlich vorschnell altern, unschön aussehen oder erschwert den Gebrauch. Bei der Auswahl der Papiersorte sollten Sie daher professionellen Rat in Anspruch nehmen. Jeder Verlag hat Musterbücher der Hersteller vorrätig, in denen sich Beschaffenheit, Gewicht, Volumen und Farbe handfest demonstrie-

ren lassen. Zum Glück können Sie den finanziellen Aspekt weitgehend vernachlässigen, da die gängigen Standardpapiere bei Kleinauflagen nur einen geringen Teil der Gesamtkosten ausmachen.
Bei der Papierauswahl werden Sie natürlich von der Frage geleitet, welches Material am besten zu Ihrem Buch paßt. Maßgeblich ist zunächst die *Frage des Holzanteils*. Moderne Papiere werden nicht aus Holz, sondern aus dem Holzprodukt Zellstoff hergestellt, was ihre Qualität enorm verbessert. Zellstoff wird entweder durch Mahlen (mechanisch) oder durch Kochen (chemisch) erzeugt. Wenn das Papier zu weniger als 10 % mechanisch und zu mehr als 90 % chemisch gewonnen wurde, wird es als *holzfrei* bezeichnet; es zeichnet sich durch geringe Säurewerte aus und ist damit prinzipiell langlebig. Bestimmte als *alterungsbeständig* gekennzeichnete *Archivpapiere* können diesen Effekt noch verstärken. Dies gilt insbesondere für *Hadernpapier*, das zu mindestens 25 % aus Baumwollfasern besteht.
Papier wird nach *Flächengewicht* gemessen, nämlich in *Gramm pro Quadratmeter*. Reguläres Brief- und Buchpapier wiegt um die 80 g/m², ein Wert, der eine gute Orientierung zuläßt; schwerere Papiere sind nur bei Kunstdruck notwendig. Qualitäten zwischen 20–60 g/m² hingegen werden als Dünndruckpapier bezeichnet; bei sehr umfänglichen Texten helfen sie, den Buchrücken nicht zu breit werden zu lassen. (Ab 170 g/m² gilt Papier als Karton; bei einer Broschur sollte das Einbandmaterial zwischen 280–350 g/m² wiegen.)
Zusätzlich spielt noch das *Papiervolumen* (die Dicke jeden Blattes) eine Rolle. Hochvolumige Papiere liegen mitunter angenehm in der Hand und verhelfen einem sonst recht schmalen Band zu einem gewichtigeren Erscheinungsbild. Ein Bogen Papier mit 80 g/m² und 1,5fachem Volumen fühlt sich an wie ein Bogen Papier zu 120 g/m², wiegt aber weiterhin nur 80 g/m².
Manche Papiersorten werden mit Kreide oder Mineraliengemischen veredelt und dann als *gestrichen* bezeichnet. Dieses Papier verfügt über eine besondere Oberfläche, die hohe Detailwiedergaben zuläßt, und wird vor allem für Zeitschriften und Kunstbücher verwendet. Wenn Ihre Arbeit ohne Abbildungen auskommt, können Sie auf *ungestrichene* Papiere zurückgreifen.

Papiersorten

Mit der Beschreibung von Papieren könnte man mehrere Bücher füllen, aber für den Druck einer Dissertation kommen eigentlich nur vier Sorten in Frage.

Offsetpapier läßt sich am besten mit regulärem Schreib- oder Kopierpapier vergleichen. Es ist reinweiß, ungestrichen, holzfrei und sehr preisgünstig; qualitativ markiert es jedoch die untere Grenze des Spektrums. Für Buchproduktionen sollte es schon deshalb nicht verwendet werden, weil sich längere Texte auf ihm schlecht lesen lassen: Der Kontrast zwischen der schwarzen Schrift und dem Weiß des Papiers wirkt sich ermüdend auf die Augen des Lesers aus.

Werkdruckpapier markiert qualitativ die Mitte. Es ist ebenfalls ungestrichen und holzfrei, weist aber eine geringe Tönung auf, die die Lektüre angenehmer gestaltet. Zudem ist es dank seines hohen Volumens gut für Klebebindungen geeignet. Einfache Abbildungen wie Tabellen oder Strichzeichnungen lassen sich unproblematisch auf ihm unterbringen, sofern keine Kunstdruckqualität gewünscht wird.

Kunstdruckpapier ist nicht nur holzfrei, sondern auch gestrichen, d. h. oberflächenveredelt. Aufgrund seiner spezifischen Eigenschaften kann man bei Abbildungen mit einem feineren Raster arbeiten, was die Druckqualität erhöht. Dieser Aufwand ist natürlich mit Mehrkosten verbunden: Zum einen ist das Papier an sich teurer, zum anderen macht es eine Fadenheftung erforderlich. Kunstdruckpapier sollte immer dann gewählt werden, wenn die Abbildungen keinen Zitat- oder Belegcharakter haben, sondern über eine eigenständige Qualität verfügen.

Dünndruckpapier ist holzfrei, wiegt aber nur 20 bis 60 g/m^2. Sie kennen es von hochwertigen Klassikereditionen her, bei denen sehr umfängliche Texte in einem Buch untergebracht werden sollen, das nicht zu breit ausfällt und daher gut in der Hand liegt. Für Dissertationen kommt es nur sehr selten in Frage – nämlich dann, wenn um die 600 Seiten Text in einem Festeinband untergebracht werden sollen. Dann verhindert Dünndruckpapier sehr wirkungsvoll, daß sich Ihr Buch in einen schwer handhabbaren Klotz verwandelt. – Aufgrund seiner Neigung zur Transparenz ist es für Abbildungen nur sehr begrenzt zu gebrauchen. Diese sollten im Zweifelsfall separat beigegeben werden.

Recyclingpapier hingegen wird aus Altpapier hergestellt, wobei die Qualität durch Beigebung neuer Fasern gesteigert werden kann. (Ab 80% Altpapieranteil darf Recyclingpapier mit der Aufschrift »Aus 100% Altpapier« werben.) Zwar konnte dieses Papier in den letzten Jahren erheblich verbessert werden, doch wegen seines Hangs zur Gräulichkeit und einer geringen Alterungsbeständigkeit ist es für die Buchproduktion unbrauchbar. Ein langlebiges Produkt dürfte allemal umweltfreundlicher sein als eines, das irgendwann nachgebessert oder gar aussortiert werden muß.

Gestrichenes Papier (Kunst- oder Bilderdruckpapier) fällt entweder *matt oder glänzend* aus. Glanzpapier ist für Bücher ungebräuchlich, da es den Lesefluß behindert; es findet primär bei Zeitschriften und Broschüren Anwendung. Kunstbücher hingegen arbeiten mit matt gestrichenem Papier, das eine hohe Bildqualität zuläßt. Bei Kunstdruckpapier ist besonders auf die *Opazität* (Undurchsichtigkeit) zu achten. Für Kunstbücher gebräuchlich sind Qualitäten zwischen 115–150 g/m^2; in der Regel 135 g/m^2.
Schließlich: Die Farbe. Reinweiße Papiere sind gut für den PC-Drucker und den Copyshop, aber beim Buchmachen sollten Sie auf eine leichte *Tönung* zulassen. Der Text ist dann besser zu lesen.

Papier sollte grundsätzlich holz- und säurefrei und damit alterungsbeständig sein. Beim Verzicht auf hochwertige Abbildungen ist Werkdruckpapier von 80–90 g/m^2 die beste Wahl.

Offset oder digital: Druckverfahren

Die Zeiten, in denen mittels beweglichen Bleilettern und Schnellpressen gedruckt wurde, sind seit etwa 1970 vorbei. Seitdem dominiert der Offsetdruck, mit dem sich hervorragende Ergebnisse erzielen lassen. Für kleinauflagige Projekte hat sich zudem der Digitaldruck bewährt.

Offset arbeitet mit einer Druckplatte, wie sie auch beim Lithographieren Verwendung findet: Das Motiv wird allerdings zunächst auf ein Gummituch übertragen, bevor es auf das Papier gelangt. Die druckenden Flächen unterscheiden sich dabei durch ihre chemischen Eigenschaften von jenen, die nicht drucken. Dank ölhaltiger Farben, die sich mit dem Papier verbinden, ist das Verfahren *alterungsbeständig*. Es werden Bogen und keine Einzelblätter bedruckt, was *Fadenheftung* erlaubt. *Vierfarbdruck* ist problemlos und in vorzüglicher Qualität möglich. Es stehen *viele Papiersorten* zur Verfügung. Allerdings entstehen durch das Erstellen besagter Platten *Zusatzkosten*. Früher wurden diese aufbewahrt, was *Nachdrucke* problemlos möglich machte, heute ist dies leider nicht mehr so. Zumeist sind für Nachauflagen neue Platten anzufertigen. Und: Da die Maschinen justiert werden müssen, ist die Druckvorbereitung *zeitaufwendig*. Sehr kleine Auflagen sind nur *bedingt kostengünstig* zu realisieren. BOD ist nicht möglich.

Digitaldruck hingegen funktioniert nach dem Prinzip des Laserdruckers: Die Vorlage kann am PC-Bildschirm entworfen und ohne Zwischenstufen ausgedruckt werden. Dabei wird ein pulverförmiger Toner auf das Papier aufgebrannt, verbindet sich aber nicht mit ihm. Über die *Alterungsbeständigkeit* liegen noch keine Erfahrungswerte vor. Aufgrund von Einzelblattdruck ist *keine Fadenheftung* möglich. Es sind nur *bestimmte Papiere* verwendbar. *Farbdruck* ist machbar, leidet aber im Moment noch an qualitativen Mängeln. *Nachdrucke* sind umstandslos jederzeit möglich. (Beim BOD wird ohnehin nur auf Bestellung angefertigt.) Es entstehen im Vergleich zum Offset *keinerlei Zusatzkosten*. Und: Das Verfahren kommt *ohne*

Rüstzeiten aus. Es kann zeitnah gedruckt werden. Sehr kleine Auflagen (bis hin zur Einzelanfertigung) sind ohne hohen Kostenaufwand realisierbar.
Vereinfachend gilt: Beim Offsetdruck sind die *Druckvorbereitungen* (»Rüstzeit«) der entscheidende Faktor. Die Stückkosten spielen dagegen eine untergeordnete Rolle, da der Druckvorgang sehr schnell abläuft. Beim Digitaldruck hingegen fallen die Einrichtungskosten niedrig aus. Dafür schlagen die *Stückkosten* vergleichsweise hoch zu Buche, zumal der Druck einige Zeit benötigt. Ab welcher Auflagengröße sich welches Verfahren lohnt, ist von den konkreten Anforderungen jeden Projekts abhängig und muß individuell bestimmt werden. Als Faustregel können Sie davon ausgehen, daß sich Offset ab 300 Exemplaren rechnet.
Tip: Beim Digitaldruck entstehen nicht unerhebliche Kosten bei einer hochqualitativen Erstellung des Umschlags. Daher sollte dieser separat im Offset erstellt werden. Digital ist zudem nur das Bedrucken dünner Kartons möglich.

> Offset liegt qualitativ vorne, während der Digitaldruck bei Kleinauflagen durch Preisgünstigkeit besticht. Welche Lösung für Sie die richtige ist, sollten Sie im Verlag durchrechnen lassen.

Drum prüfe ... : Bindearten

Im Offsetverfahren wird Papier nicht Einzelblatt für Einzelblatt, sondern in *großformatigen Bogen* bedruckt, hinterher gefalzt und anschließend beschnitten. Der Druckbogen erhält eine zwei- bis dreimalige Falzung, so daß ein schmales Heftchen mit acht oder mit sechzehn Seiten entsteht – deswegen müssen die Seitenzahlen der Bücher durch acht oder sechzehn teilbar sein. Während der obere (schmale) Rand in jedem Fall weggeschnitten wird, ist die Bearbeitung des seitlichen (breiten) Rands vom Bindeverfahren abhängig. Bei der *Klebebindung* kommt es zur Abtrennung der Falz. Danach werden die losen Blätter direkt in den Umschlag (Broschur) oder

Farbdruck

Grundsätzlich gilt: Farbdruck ist drei- bis viermal so teuer wie S/W und eignet sich nicht für alle Papierarten. Für die Gewährleistung brillanter Farbabbildungen brauchen Sie drei Dinge: Reproduktionsfähige Vorlagen, aussagekräftige Farbandrucke (Proofs) und ein adäquates Druckraster.

Als *Vorlagen* kommen grundsätzlich nur Originale in Frage, also Fotoabzüge, graphische Arbeiten und Dokumente. Gedruckte Abbildungen sind nur sehr bedingt brauchbar, da es leicht zu Problemen mit der Schärfe und mit störenden Mustern (Moiré-Effekt) kommen kann. Digitale Vorlagen müssen mindestens 300–400 dpi haben, allerdings sollten Sie hier Rücksprache mit dem Verlag halten. Übrigens: Selbstgescannte Farbabbildungen sind in der Regel unbrauchbar, weil der Farbraum – der Umfang der Farbtöne – nicht gehalten werden kann. Hingegen lassen sich Digitalaufnahmen in den meisten Fällen recht gut weiterverarbeiten. Ihre Digitalkamera sollte jedoch nicht weniger als 5 Mio. Pixel abbilden.

Die Qualität der Farbabbildungen läßt sich im *Andruck (Proof)* sehr wirkungsvoll überprüfen, der heutzutage in der Regel mit Spezialdruckern erstellt wird. Digitales Proofing funktioniert sehr viel unaufwendiger und kostenfreundlicher als das althergebrachte chemische Verfahren, das auf Filmbasis arbeitet.

Alle Halbtonabbildungen (das sind Vorlagen mit kontinuierlichen Graustufen- und Farbverläufen, zumeist Fotos) müssen für den Druck gerastert werden. Das gilt für S/W wie für Farbe. Auf Kunstdruckpapier ist ein 70er Raster Standard, d. h. das Bild wird in 70 Linien pro cm gedruckt. Grobere Raster (z. B. 40 L/cm) bedeuten niedrigere Qualität, was auch für das ungeübte Auge erkennbar ist. Feinere Rasterformate sind mit verschiedenen Risiken behaftet, so daß Sie mit einem 70–80er Raster gut bedient sind. Je nach Art der Abbildungen läßt sich mit dem FM-Raster (frequenzmodulierten Raster) unter Umständen eine noch bessere Druckqualität erzielen. Allerdings setzt dieses Verfahren ein optimales Zusammenspiel zwischen den Druckvorstufen und der Druckerei voraus, was Mehrkosten verursachen kann. Zudem wird diese Technik nur selten angeboten.

Farbumschlag

Ein einfarbiger Einband ist preislich günstiger als ein vierfarbiger. Allerdings kann zweifarbig im Einzelfall genauso zu Buche schlagen wie vierfarbig, wenn Sonderfarben gewählt werden und die Druckmaschine aufwendig vorbereitet werden muß. Hier berät Sie der Verlag.

Rechtslage

Achtung: Für die Beschaffung der Bildrechte sind in der Regel allein Sie zuständig!

auf ein Stück Gaze geklebt (Festeinband). Jede Copyshop-Bindung und jedes Taschenbuch wird nach diesem Verfahren hergestellt. Da ein Teil des Klebstoffs ins Papier eindringen muß, sind rauhe Qualitäten mit hohem Volumen gefordert. Die Klebebindung dominiert inzwischen den Buchmarkt und wird unterdessen auch für Festeinbände verwendet, für die sie eigentlich nicht gedacht ist. Es handelt sich um ein preiswertes Bindeverfahren, das primär bei Broschuren eingesetzt werden sollte. Bei guter Verleimung (und dem Einsatz eines entsprechend hochwertigen Klebstoffs) erweist sie sich als hinreichend haltbar.

Bei der *Fadenheftung* hingegen werden die gefalzten Bogen zusammengetragen und vernäht. Das Verfahren ist aufwendiger, liefert aber erheblich dauerhaftere Ergebnisse; da es mehr kostet als die Klebebindung, wird es von Verlagen zunehmend nur noch bei Hochpreis-Objekten wie Werkausgaben, Lexika u. ä. angewandt. Da die Papierbeschaffenheit keine Rolle spielt, eignet sich die Fadenheftung hervorragend für Kunstbücher. Doch nicht nur Festeinbände, auch Broschuren profitieren, wenn man ihnen diese Bindequalität zukommen läßt.

Kleben und binden

Es gibt verschiedene Methoden, bedrucktes Papier in einem Einband zu befestigen. Hier von Interesse sind Klebebindung und Fadenheftung.

Klebebindung ist nicht gleich Klebebindung. Es gibt im wesentlichen drei Verfahren, die für Sie in Frage kommen:

- *Hotmelt*. Der Leim wird erhitzt und härtet durch Abkühlung aus. Vorteil: Sehr preisgünstig. Nachteil: Geringe Qualität. Der Klebstoff ist steif, bricht leicht und hält nicht lange. Dieses Verfahren wird beim BOD genutzt.
- *Dispersion*. Flüssigleim, der durch Trocknung aushärtet. Im mittleren Preissegment angesiedelt, flexibel und (relativ) alterungsbeständig. Sowohl offset- als auch digitaldrucktauglich.
- *PUR*. Leimheftung aus Polyurethan. Das Material wird heiß verarbeitet und verfestigt sich beim Abkühlen. Sehr stabil, fest und dauerhaft; entspricht beinahe der Qualität einer Fadenheftung. Kunstdruckpapiertauglich. Allerdings das teuerste Klebeverfahren und nicht für sehr umfängliche Bände geeignet.

Die Fadenheftung bleibt in punkto Bindequalität und Alterungsbeständigkeit der Idealfall, allerdings kostet sie auch am meisten. Sie ist für alle Papiersorten geeignet, aber im Druckverfahren auf Offset festgelegt, da nur gefaltete Papierbogen fadengeheftet werden können.

Digitaldruck hingegen ist ein *Einzelblattverfahren*, bei dem jede Seit einzeln bedruckt wird. Fadenheftung ist hier nicht möglich – Sie müssen sich daher für eine der zur Verfügung stehenden Klebeverfahren (Hotmelt, Dispersion oder PUR) entscheiden.

Bei einer regulären Broschur sind Sie mit einer Klebebindung bestens beraten. Allerdings sollten Sie prüfen, ob Ihnen der Aufpreis zur Fadenheftung nicht das Geld wert sein sollte. Bei abbildungsorientierten Projekten – mit Festeinband oder ohne – ist die Fadenheftung unverzichtbar, da sich die glatten Kunstdruckpapiere nicht gut verkleben lassen.

Kunst am Buch: Besonderheiten

Daß jedes Buch im besten Fall auch äußerlich seinen eigenen Charakter hat, wird Ihnen beim täglichen Umgang schon aufgefallen sein. Hier kommen einige Tips, wie Sie bei geringem finanziellen Aufwand die Attraktivität Ihres Buchs verbessern. Dies ist vor allem dann für Sie interessant, wenn Sie zum Kreis der »Selbstbewußten« gehören und Ihrem Buch ein besonderes Äußeres geben wollen.

Im Fall einer Broschur: Probieren Sie als Einbandmaterial einen *durchgefärbten* Karton. Dieser hat im Gegensatz zu weißem Karton eine Farbe, und zwar vorder- wie rückseitig; als Grundlage für Illustrationen eignet er sich dadurch allerdings nur bedingt. In Kombination mit einer rein typographischen Titelgestaltung lassen sich aber bemerkenswerte Effekte erzielen. Dies gilt insbesondere dann, wenn Sie vorn und hinten im Buch ein *farbiges Blatt* einfügen lassen. Dabei handelt es sich quasi um die Simulation des Vorsatzpapiers fest gebundener Ausgaben, das hier eine reine Schmuckfunktion einnimmt. Sehr reizvoll ist die *Klappenbroschur*, die zusätzliche Gestaltungsmöglichkeiten durch die Umschlagklappe ermöglicht.

Bei Festeinbänden haben Sie andere Möglichkeiten: Hier können Sie durch *farbliche Abstimmung* von Einband, Vorsatzpapier und ggf. Schutzumschlag ein ästhetisch ansprechendes Objekt entwikkeln. Lassen Sie sich daher die zur Verfügung stehenden Überzugspapiere und -stoffe zeigen. Ein *Schutzumschlag* lohnt allerdings nur, wenn Sie das Buch mit Leinen beziehen lassen. Und auch da ist er verzichtbar: Nicht nur die Herstellung, sondern auch das Legen um

Buchschmuck

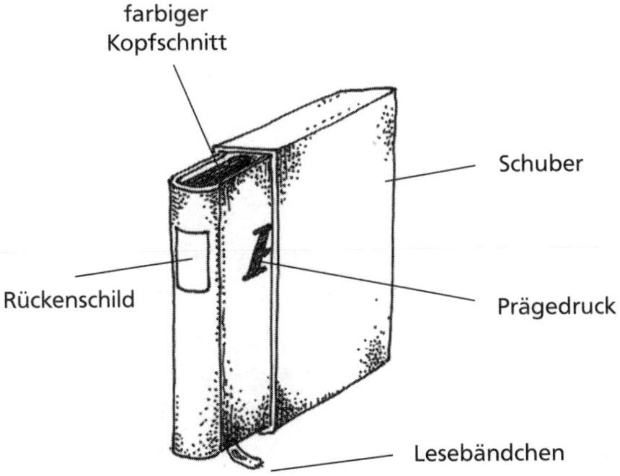

den Buchblock will bezahlt sein. Das vordere und hintere *Vorsatzpapier* – das den Buchblock im Bucheinband fixiert – braucht nicht zwangsläufig weiß zu sein, sondern steht in den verschiedensten Farben zur Verfügung. Diese können die Einbandfarbe aufgreifen, aber auch kontrastiv ergänzen. Die Kosten hierfür sind überschaubar. Zur Standardausstattung hingegen sollte noch immer das textile *Kapitalband* gehören, das den Buchblock oben wie unten abschließt. Für geringes Aufgeld kann ebendort ein *Lesebändchen* befestigt werden; die Kosten liegen bei 0,20–0,50 € pro Band bei einer 400er Auflage. Bevorzugt beim Leinenband ist zudem ein *Rückenschild* denkbar. Es wirkt nicht nur angenehm dezent, sondern hat zudem den Vorteil, daß man den Buchtitel im Regal ohne schiefgelegten Kopf lesen kann. Außerdem lassen sich Festeinbände mit *Prägungen* versehen, die typographischer wie bildlicher Natur sein können. Da hierfür ein Klischee angefertigt werden muß, sind die Kosten allerdings beträchtlich. Eine weitere Verschönerung stellen *farbige Kopf- oder Rundumschnitte* dar, bei denen der Buchblock entweder am oberen Rand oder rundum mit Farbe überzogen wird. Auch ein *Kartonschuber* zur licht- und staubgeschützten Unterbringung liegt im Bereich des Möglichen. Neben einfacher Graupappe existieren auch hier bezogene Varianten. Allerdings werden Schuber von Bibliotheken nicht selten aussortiert.

Unabhängig von der Einbandart ist das *Einschweißen* eines jeden fertigen Buchs eine echte Notwendigkeit. Die Folie verhindert Lagerschäden und hält das Buch über Jahrzehnte druckfrisch – Sie sollten darauf bestehen.

> Extras wollen bezahlt sein. Buchveredelungen brauchen nicht viel zu kosten, haben aber eine erstaunliche Wirkung. In jedem Fall sollten Sie Ihren Titel einschweißen lassen.

Pecunias non olet: Druckkosten im Vergleich

Nach all den Fachbegriffen, den Variationen und Möglichkeiten schwirrt Ihnen vermutlich der Kopf. Und Sie werden sich fragen, welche Kosten mit den genannten Verfahren verbunden sind.
Dies ist pauschal leider nicht ganz einfach zu sagen. Zum einen sind auch in diesem Marktsegment die Preise ständig in Bewegung, zum anderen können sich durch kleine Änderungen in der Ausstattung erhebliche Mehrkosten ergeben. Trotzdem ermöglicht Ihnen die folgende Modellrechnung, sich zumindest einen groben Eindruck von dem zu verschaffen, was auf Sie zukommt. Um Vergleichbarkeit zu gewährleisten, wurden ausschließlich die Kosten für die Buchherstellung (also Papier, Druck und Bindung) berücksichtigt. Satz und Layout sind nicht enthalten, ebensowenig zusätzliche Verlagsleistungen wie Scans oder Bildbearbeitung. Hier können Sie von folgenden Werten ausgehen: Die *Satzkosten* schlagen – je nach Aufwand – mit 8–12 € pro Seite zu Buche. Für *Scans* und die *Bearbeitung von S/W-Abbildungen* sind in der Regel 10–15 € pro Stück zu kalkulieren. Der *Satz von Tabellen* und die *Gestaltung von Graphiken* wird meist nach Aufwand berechnet. Natürlich macht Ihnen der Verlag auch hier ein Angebot.
Bei der nachfolgenden Tabelle sind die aufgeführten Preise nicht absolut, sondern *relativ* zu verstehen. Es geht hier nicht darum, konkrete Kostenvoranschläge zu entwickeln, sondern um eine Verdeutlichung, wie sich das Kostenverhältnis zwischen den verschiedenen Druckverfahren, Auflagenhöhen und Ausstattungen verschiebt. Dazu wurden neun Grundmodelle entwickelt, die sich qualitativ steigern und den meisten Anforderungen gerecht werden dürften. Die Tabelle bezieht sich nur auf die Kosten für Druck und Bindung. Kosten für Satz, Layout und Verlagsleistungen sind nicht enthalten. Und: Es ist zu berücksichtigen, daß ein größeres Buchformat zur Reduktion des Umfangs beitragen kann.

Die *Modelle 1 bis 3* arbeiten mit Digitaldruck. Bei *Modell 1* wird das Buch im Verfahren des »Book On Demand« mit 240 Seiten Umfang und einem Seitenformat von 14,8 × 21 cm erstellt. Obwohl die Stückkosten vergleichsweise hoch sind, liegt der Vorteil dieser Herstellungsart in den sehr günstigen Gesamtkosten, wobei ein vierfarbiger Umschlag aufschlagsfrei möglich ist. Dafür müssen allerdings beim Einband und der Bindeart qualitative Einbußen in Kauf genommen werden.

Die *Modelle 2 und 3* beschreiben hingegen einen von Verlagsseite durchgeführten digitalen Auflagendruck. Umfang und Format blieben gegenüber Modell 1 unverändert; als Menge wurden 150 Exemplare kalkuliert. Die Buchumschläge sind dabei entweder ein- oder vierfarbig. Im Hinblick auf Umschlag- und Bindequalität läßt sich damit gegenüber BOD eine Verbessserung feststellen. Die Abbildungsqualität ist aber noch deutlich steigerbar.

Ab jetzt wird Offsetdruck zugrundegelegt. Die *Modelle 4 und 5* übertragen die Vorgaben von Modell 2 und 3, wobei Format, Umfang und Bindeart identisch sind. Da sich Offset erst ab 300 Exemplaren Auflage lohnt, wurde die Auflage entsprechend angepaßt. Die Buchumschläge sind erneut ein- und vierfarbig durchgerechnet

Die *Modelle 6 und 7* erhöhen Format und Bindequalität. Die Seite wird mit 17 × 21 cm angesetzt, und statt der Klebebindung mit Dispersion erfolgt nun eine stabile Fadenheftung, die die Verwendung von Bilderdruckpapier ermöglicht. Als Variante wurde einmal eine Broschur und einmal ein Festeinband durchgerechnet. Der Umschlag ist stets vierfarbig, die Auflage wurde – dem Aufwand entsprechend – leicht erhöht.

Die Modelle *8 und 9* vergrößern nochmal das Format und gehen erstmals von einem bilderdrucktauglichen Papier aus (höheres Gewicht, andere Qualität), das S/W- und Farbabbildungen zuläßt. Diese aufwendige Buchform ist sicher nur bei kunstgeschichtlichen Arbeiten von Interesse.

Zusammenfassung

Erfahrungsgemäß sind die allermeisten Doktorarbeiten im Bereich der Modelle 1 bis 5 anzusiedeln. Eilige werden mit dem Modell 1 vorlieb nehmen, Vielseitige sich – je nach Geldbeutel – auf die Modelle 2 bis 5 verlegen. Wer auf ein repräsentatives Äußeres abzielt, wird ab Modell 4 gut und ab Modell 6 bestens bedient; Modell 7 ist hier die Optimallösung. Die Modelle 8 und 9 sind Spezialvarianten für den Bereich der Kunstgeschichte.

	MODELL 1	MODELL 2
	BOD ohne Verlag	Digitaler Auflagendruck
Format	14,8 x 21 cm (A5)	14,8 x 21 cm (A5)
Einband	Broschur	Broschur
Umfang	240 Seiten	240 Seiten
Umschlag / Druck	Digital	Offset
Umschlag Kartonstärke	240 g/m² ?	280 g/m² oder 300 g/m²
Umschlag Farbe	4-farbig	1-farbig
Umschlag Veredelung	glänzend oder matt kaschiert	glänzend oder matt kaschiert
Buchblock / Druck	Digital	Digital
Buchblock / Papier	Werkdruck 80 g/m² 1,5-faches Volumen	Werkdruck 80 g/m² 1,5-faches Volumen
Bindung	Klebebindung (Hotmelt)	Klebebindung (Dispersion)
Verpackung	?	Einzeln eingeschweißt
Besonderheiten		
Nachteile	Fadenheftung nicht möglich, Umschläge nicht vorgefalzt (gerillt), Umschlagkarton recht dünn, steife Hotmeltklebung bricht leicht, schlechtes Aufschlageverhalten, Digitaldruck ist für Druck von Abbildungen (Halbton) im Vergleich zum Offsetdruck nicht gut geeignet (zu geringe Auflösung), hohe Kosten je Buchexemplar	Fadenheftung nicht möglich, Digitaldruck ist für Druck von Abbildungen (Halbton) im Vergleich zum Offsetdruck nicht gut geeignet (zu geringe Auflösung)
Vorteile	Keine Lagerhaltung, minimale Grundkosten	Hochwertiger Umschlag, geringe Lagerhaltung, geringe Grundkosten
Auflage	Keine / Einzelstückherstellung	150
Druckkosten zuzügl. Mehrwertsteuer	ca. 320 EUR (Grundkosten) z. B. 20 Belegexemplare ca. 150 EUR	ca. 950 EUR
Stückpreis für Druck	ca. 7,50 EUR	ca. 6,30 EUR

MODELL 3	MODELL 4	MODELL 5
Digitaler Auflagendruck	**Offset Auflagendruck**	**Offset Auflagendruck**
14,8 x 21 cm (A5)	14,8 x 21 cm (A5)	14,8 x 21 cm (A5)
Broschur	Broschur	Broschur
240 Seiten	240 Seiten	240 Seiten
Offset	Offset	Offset
280 g/m² oder 300 g/m²	280 g/m² oder 300 g/m²	280 g/m² oder 300 g/m²
4-farbig	1-farbig	4-farbig
glänzend oder matt kaschiert	glänzend oder matt kaschiert	glänzend oder matt kaschiert
Digital	Offset	Offset
Werkdruck 80 g/m² 1,5-faches Volumen	Werkdruck 80 g/m² 1,5-faches Volumen	Werkdruck 80 g/m² 1,5-faches Volumen
Klebebindung (Dispersion)	Klebebindung (Dispersion)	Klebebindung (Dispersion)
Einzeln eingeschweißt	Einzeln eingeschweißt	Einzeln eingeschweißt
	Bilderdruckpapier möglich, aber für Klebebindung nicht zu empfehlen	Bilderdruckpapier möglich, aber für Klebebindung nicht zu empfehlen
Fadenheftung nicht möglich, Digitaldruck ist für Druck von Abbildungen (Halbton) im Vergleich zum Offsetdruck nicht gut geeignet (zu geringe Auflösung)	Relativ hohe Gesamtkosten für Auflagendruck	Relativ hohe Gesamtkosten für Auflagendruck
Hochwertiger Umschlag, geringe Lagerhaltung, geringe Grundkosten	Gut geeignet für Abbildungen, geringe Kosten je Buchexemplar	Gut geeignet für Abbildungen, mittlere Kosten je Buchexemplar
150	300	300
ca. 1.200 EUR	ca. 1.750 EUR	ca. 2.500 EUR
ca 8,00 EUR	ca. 5,80 EUR	ca. 8,30 EUR

	MODELL 6	MODELL 7
	Offset Auflagendruck	**Offset Auflagendruck**
Format	17 x 24 cm	17 x 24 cm
Einband	Broschur	Festeinband
Umfang	240 Seiten	240 Seiten
Umschlag / Druck	Offset	Offset
Umschlag Kartonstärke	280g/m² oder 300g/m²	Festeinband bezogen, gerundeter Rücken
Umschlag Farbe	4-farbig	4-farbig
Umschlag Veredelung	glänzend oder matt kaschiert	glänzend oder matt kaschiert
Buchblock / Druck	Offset	Offset
Buchblock / Papier	Werkdruck 80 g/m² 1,5-faches Volumen	Werkdruck 80 g/m² 1,5-faches Volumen
Bindung	Fadenheftung	Fadenheftung
Verpackung	Einzeln eingeschweißt	Einzeln eingeschweißt
Besonderheiten	Bilderdruckpapier möglich	Bilderdruckpapier möglich
Nachteile	Relativ hohe Gesamtkosten für Auflagendruck	Relativ hohe Gesamtkosten für Auflagendruck
Vorteile	Stabile Fadenheftung, mittlere Kosten je Buch-exemplar	Stabile Fadenheftung und stabiler Festeinband
Auflage	400	400
Druckkosten zuzügl. Mehrwertsteuer	ca. 3.200 EUR	ca. 3.900 EUR
Stückpreis für Druck	ca. 8,00 EUR	ca. 9,75 EUR
Mehrkosten farbiges Vorsatzpapier		ca. 100,00 EUR

MODELL 8	MODELL 9
Offset Auflagendruck	**Offset Auflagendruck**
21 x 24 cm	21 x 24 cm
Broschur	Festeinband
240 Seiten	240 Seiten
Offset	Offset
300g/m	Festeinband bezogen, gerundeter Rücken
4-farbig	4-farbig
glänzend oder matt kaschiert	glänzend oder matt kaschiert
Offset	Offset
Bilderdruck 135 g/m² matt gestrichen	Bilderdruck 135 g/m² matt gestrichen
Fadenheftung	Fadenheftung
Einzeln eingeschweißt	Einzeln eingeschweißt
Bilderdruckpapier, Farbabbildungen möglich	Bilderdruckpapier, Farbabbildungen möglich
Relativ hohe Gesamtkosten für Auflagendruck	Relativ hohe Gesamtkosten für Auflagendruck
Stabile Fadenheftung, Bilderdruckpapier hervorragend für Abbildungen geeignet	Stabile Fadenheftung, stabiler Festeinband Bilderdruckpapier hervorragend für Abbildungen geeignet
400	400
ca. 5.400 EUR	ca. 6.300 EUR
ca. 13,50 EUR	ca. 15,75 EUR
	ca. 100,00 EUR

WIE LESE ICH DEN KOSTENVORANSCHLAG?

Nachdem Sie mit dem Verlag alle Einzelheiten geklärt haben, wird man Ihnen einen Kostenvoranschlag erstellen. Dieser listet alle relevanten Details auf, die die Fertigung Ihres Buchs ausmachen, und benennt die voraussichtliche Höhe des Druckkostenzuschusses. Um die Endrechnung handelt es sich also keineswegs – trotzdem sollte diese in der Summe nicht wesentlich von dem Voranschlag differieren. Immerhin haben Sie nun Gelegenheit, noch einmal in Ruhe alle Posten durchzugehen und zu prüfen, ob die in Aussicht gestellte Leistung Ihren Anforderungen genügt. Falls nein, wäre jetzt die letzte Gelegenheit, um noch Änderungen anzubringen.
Um Ihnen eine ungefähre Vorstellung davon zu geben, was Sie für Ihr Geld bekommen, liegt dem nebenstehenden Kostenvoranschlag zumindest teilweise die Produktion dieses Ratgebers zugrunde. So wurden Papier-, Umschlag- und Bindequalität eins zu eins übernommen; gleiches gilt für das Format. Lediglich die Auflagenhöhe differiert.
Auf dem Kostenvoranschlag finden Sie folgendes aufgeführt:

- Format: Hier wurde die (preisgünstigste) Größe des Normformats DIN A5 gewählt.
- Umfang: 144 Seiten. Dies ist in der Regel nur eine Schätzung.
- Druckverfahren: Offset
- Farbigkeit des Umschlags: zweifarbig.
- Papier: Alterungsbeständiges Werkdruckpapier mit 80 g/m^2 und einem eineinhalbfachen Volumen läßt sich gut verarbeiten. Zudem ist es benutzerfreundlich und haltbar.
- Stärke des Umschlags: 300 g/m^2 gibt dem Band den nötigen Halt.
- Zwölf S/W-Abbildungen: fünf Zeichnungen und sieben Scans.
- Fünf Tabellen: hier berechnet nach Seitenanzahl.

- Satz & Layout: verlagsintern.
- Einband: Broschur – die preisgünstigste Variante.
- Bindung: Klebebindung, aber im Dispersionsverfahren.
- Veredelung des Umschlags: Zwischen Matt- und Glanzkaschur liegt kein Kostenunterschied.
- Verpackung: Stück für Stück eingeschweißt.
- Auflage: 300 Exemplare – die Mindestmenge bei einem ökonomisch sinnvollen Offsetdruck.
- Mehrwertsteuer: Bis zum 31. Dezember 2005 waren Publikationen, die von Dritten finanziert wurden, von der Mehrwertsteuer befreit. Bezahlte der Autor selbst, wurden 16 % fällig. Nunmehr gilt in beiden Fällen der volle Mehrwertsteuersatz von 19 %. Ausschlaggebend ist hierbei der Status als Dienstleistung. – Sie können sich aber einen Teil der Auflage nach Haus liefern lassen. In diesem Fall würde der bei jeder Buchbestellung gültige ermäßigte Steuersatz von 7 % gelten. Es könnte sich lohnen, diesen Punkt mit ihrem Verleger zu besprechen!

Falls Ihnen bei der Endsumme der Atem stockt: Keine Sorge, das geht wohl jedem so. Bitte bedenken Sie, daß hinter dieser Kalkulation ein hochwertiges Produkt steht. Und: Es existieren Spielräume, nämlich in einer Verringerung des Seitenumfangs. Falls Ihre Arbeit weniger Seiten aufweist, bedeutet dies einen spürbaren Rückgang der Satzkosten. Es lohnt sich also, den eigenen Text straff und stringent zu halten.
Sobald Sie den Kostenvoranschlag akzeptieren, kann der Satz des Buchs beginnen. Wenn Sie zu lange mit einer Entscheidung warten, können sich unterdessen allerdings die Kosten (wie z. B. die Papierpreise) geändert haben. Besser also, diese Dinge nicht auf die lange Bank zu schieben.

Ludwig
VERLAG LUDWIG

Verlag Ludwig Holtenauer Str. 141 D 24118 Kiel

Herrn Dr.
Kai U. Jürgens

Kundennr.:
Tel.:
Fax:
Email:

Kiel, den 19.02.07

Kalkulation des Druckkostenzuschusses für Buchpublikation

Objekt:	Kai U. Jürgens: Wie veröffentliche ich meine Doktorarbeit?
Format:	14,8 x 21 cm
Umfang:	144 Seiten
Druck / Offset:	Inhalt: 144 Seiten 1/1-farbig Umschlag: 2/0-farbig
Papier:	Inhalt: 80g/m² Werkdruck 1,5-faches Volumen Umschlag: 300g/m² Chromosulfatkarton
Abbildungen:	12 S/W-Abbildungen
Tabellen:	5 Tabellen
Satz/Layout/Scans:	durch uns
Verarbeitung:	Broschur, Leimheftung, matt kaschiert, einzeln eingeschweißt
Auflage:	300

Von dem Autoren zu erbringende Leistungen:
1. Abbildungen mit allen Veröffentlichungsrechten
2. Korrekturlesen.

Zuschußbedarf: **€ 2.800,00 (zuzügl. 19% MwSt.)**
€ 3.332,00 (inkl. 19% MwSt.)

Diese Kalkulation basiert auf einer vorläufigen Umfangsermittlung und kann deshalb von den tatsächlichen Kosten abweichen. In der Kalkulation ist ein Korrekturaufwand von bis zu 10% der Satzarbeiten berücksichtigt. Darüber hinausgehende Korrekturen, die von dem Autor zu verantworten sind, werden mit EUR 60,- je Stunde (zuzügl. MwSt.) berechnet.

Mit freundlichen Grüßen

Dr. Steve Ludwig

VERLAG DR. STEVE LUDWIG
Holtenauer Straße 141
D-24118 Kiel

Tel. 0431 85464
Fax 0431 8058305
info@verlag-ludwig.de
www.verlag-ludwig.de

Kred.-Nr. 10235
Deb.-Nr. 25478
USt-ID DE 191 12 45 59
Steuernr. 19009 09 195

Postgiroamt Hamburg
BLZ 200 100 20
Konto 229 368 204

Sparkasse Kiel
BLZ 210 501 70
Konto 200 71 02

Zusammenfassung

Der Kostenvoranschlag ist ein detailliertes Angebot des Verlags, das dieser Ihnen nach einem ausführlichen Gespräch unterbreitet. Gehen Sie die gemachten Angaben in Ruhe durch. Wenn Sie den Kostenvoranschlag akzeptieren, stellt dieser die für beide Seiten verbindliche Basis für die Produktion des Buchs dar.

WIE BEURTEILE ICH DEN VERTRAG?

Wenn Sie dem Kostenvoranschlag zugestimmt haben, wird der Verlag einen Vertrag aufsetzen. Dies ist durchaus in ihrem Interesse, denn auf diese Weise werden für beide Seiten die Verbindlichkeiten festgeschrieben. Nicht nur Sie gehen Verpflichtungen ein, sondern umgekehrt auch der Verlag. Dies bedeutet Sicherheit für beide Seiten. Grundlage der Vereinbarung ist zumeist jener Normvertrag, der vom Börsenverein des Deutschen Buchhandels ausgearbeitet wurde (www.boersenverein.de); er steht dort zum Download zur Verfügung. Das Papier umfaßt immerhin acht Seiten, weswegen es von Verlagsseite meist an die Gegebenheiten angepaßt wird.
Nachfolgend finden Sie ein Beispiel hierfür. Zum Glück ist das Papier übersichtlich gehalten und zudem gut verständlich abgefaßt. Dennoch sollen die Paragraphen kurz erläutert werden.

§ 1 Vertragsgegenstand
Hier wird nur der Titel des Buchs genannt. Ein Kurztitel tut es auch, falls Sie sich noch nicht festlegen möchten.

§ 2 Rechtseinräumungen
Nach Abschnitt (1) verlieren Sie alle Rechte an ihrem Manuskript und treten diese an den Verlag ab. Das klingt dramatisch, ist aber bloß eine Formsache: Bei kommerziell angelegten Projekten soll verhindert werden, daß ein Text an mehreren Orten gleichzeitig erscheint. Abschnitt (2) spezifiziert dies nur noch. (3) hingegen macht Sie für die Rechtesituation bei den Abbildungen verantwortlich. Es lohnt sich also, die entsprechenden Genehmigungen (sofern erforderlich) eingeholt zu haben.

§ 3 Das Manuskript
Dieser Paragraph regelt die Form der Manuskriptübergabe, für die bereits ein Datum eingesetzt werden kann. Abschnitt (3) sichert den Verlag ab, falls Ihre Datei verlorengehen sollte.

§ 4 Herstellung
Hier bräuchte eigentlich nur zu stehen: »Gemäß Publikationsangebot«. Außerdem werden Sie zum Korrekturlesen verpflichtet, was Ihnen aber nur recht sein kann.

§ 5 Satz, Korrektur
Dieser Paragraph spezifiziert noch einmal das Korrekturlesen, wobei eine Terminklausel eingebaut ist. Die gilt allerdings nur für wirklich hartnäckige Verzögerungen. Abschnitt (2) sichert den Verlag vor ausufernden Textänderungen ab.

§ 6 Auflage
Wie bereits erwähnt, können 300 Exemplare als eine rundum solide Auflagenhöhe bezeichnet werden. Zehn Exemplare davon sollten dem Verlag für Werbezwecke zur Verfügung stehen. Weitere 15–20 Exemplare gehen als Belege an Sie, darunter auch die Pflichtstücke für die Universität.
Die Abschnitte (2) und (4) sind nicht weiter von Belang. Allerdings sollten Sie auf die 30 % Rabatt für weitere Exemplare Ihres Buchs bestehen.

§ 7 Werbung
Hier wird festgeschrieben, daß die Aufgabe des Verlags nicht nur in der Herstellung, sondern auch in der Bewerbung Ihres Buchs besteht. Dafür werden entsprechende Texte von Ihnen eingefordert – ein akzeptables Arrangement.

§ 8 Vertrieb
Dieser Paragraph bestimmt, daß Ihr Buch nicht nur gelagert, sondern auch zu einem bestimmten Preis vertrieben werden soll.

Verlagsvertrag

zwischen

(nachstehend: Autor)

und

(nachstehend: Verlag)

§1 Vertragsgegenstand

Gegenstand dieses Vertrages ist das vorliegende Werk des Autors mit dem Titel

Das Werk erscheint als Einzelveröffentlichung.

§ 2 Rechtseinräumungen

1. Der Autor als alleiniger Inhaber aller Rechte an dem Werk räumt dem Verlag räumlich und inhaltlich unbeschränkt sowie für die Dauer des gesetzlichen Urheberrechtsschutzes das ausschließliche Recht zur Vervielfältigung und Verbreitung in Buchform für alle Auflagen und Ausgaben sowie für alle Sprachen ein. Der Autor erklärt und steht dafür ein, daß weder die Herausgabe des Werkes Rechte und Ansprüche Dritter oder das Gesetz verletzt noch über Nutzungsrechte an dem Werk ganz oder teilweise anderweitig verfügt worden ist.
2. Der Autor überträgt dem Verlag insbesondere das Recht
(a) zur Herstellung im fotomechanischen Nachdruck, Fotokopie, Xerographie, Mikrofiche, Mikroprint und Mikrofilm;
(b) die vertragsgegenständlichen Werke – auch teilweise – elektronisch zu vervielfältigen;
(c) die vertragsgegenständlichen Werke in elektronische Datenbanken aufzunehmen und/oder in Datenbanken von Suchmaschinenbetreibern aufnehmen zu lassen, zu speichern und/oder von Suchmaschinenbetreibern speichern zu lassen und mit anderen Daten in der/den Datenbank(en) zu verbinden oder von Suchmaschinenbetreibern verbinden zu lassen.
3. Werden dem Werk Abbildungen beigegeben, so steht der Autor dafür ein, daß er über die Rechte an den Vorlagen verfügen kann, und er räumt diese Rechte dem Verlag zu den oben genannten Bedingungen ein.

§ 3 Das Manuskript

1. Das Manuskript wird dem Verlag als Textdatei und Ausdruck vorgelegt.
2. Als Ablieferungstermin für das Manuskript wird vereinbart:
Dieser Termin kann, wenn erforderlich, im Einvernehmen mit dem Verlag überschritten werden.
3. Der Autor behält eine Kopie des Manuskriptes bzw. des Datensatzes bei sich.

§ 4 Herstellung

1. Die Herstellung erfolgt im Verlag von einer Textdatei. Das Buch wird im Verlag gesetzt und layoutet.
2. Der Autor verpflichtet sich zur Korrektur.

§ 5 Satz, Korrektur

1. Der Autor verpflichtet sich zu zwei honorarfreien Korrekturen. Die zweite Korrektur wird vom Autor mit dem Vermerk „druckfertig" versehen; durch diesen Vermerk werden auch etwaige Abweichungen vom Manuskript genehmigt. Abzüge gelten auch dann als „druckfertig", wenn sich der Autor nicht innerhalb angemessener Frist nach Erhalt zu ihnen erklärt hat.
2. Nimmt der Autor Änderungen im fertigen Satz vor, so hat er die dadurch entstehenden Mehrkosten – berechnet nach dem Selbstkostenpreis des Verlages – insoweit zu tragen, als sie 10 % der Satzkosten übersteigen.

§ 6 Auflage

1. Die Auflage setzt sich wie folgt zusammen:

Exemplare für den Verkauf

Exemplare für Rezensionen und Werbung sowie als Belege

Exemplare für den Autor

2. Ist das Kontingent an Rezensions-, Werbe- und Belegexemplaren erschöpft, so kann der Verlag weiteren Verpflichtungen nur nachkommen, indem er auf den Bestand der Verkaufsauflage zurückgreift. Der Verlag ist berechtigt, die Rezensions-, Werbe- und Belegexemplare auszugeben, ohne daß der Autor einen Einzelnachweis dafür verlangt.

§ 9 Honorar
Für Sie ein unerfreulicher Abschnitt, mit Sicherheit aber der liebste des Verlags. Für den Erstdruck werden Sie kein Honorar erhalten, für die zweite Auflage – sofern es dazu kommt – sind 6–8 % vom Nettoladenpreis üblich. Punkt (2) betrifft die mögliche Verfilmung, Vertonung und Übersetzung Ihrer Arbeit; zumindest letztere kann man nicht ausschließen. Wichtig ist allerdings der Zusatz »ab der ersten Auflage«, denn das heißt: »ab sofort«. Die Abschnitte (3) und (5) sind unproblematisch.

§ 10 Weitere Auflagen
Ist die erste Auflage ausverkauft, kann der Verlag entweder nachdrucken oder Ihnen die Rechte an ihrem Text zurückgeben. Sie können ihn dann beispielsweise ins Internet stellen. Abschnitt (2) betont, daß Sie im Fall einer Neuauflage informiert werden müssen.

§ 11 Sonder- und Ausverkauf
Läßt sich die erste Auflage nicht abverkaufen, darf der Verlag verramschen oder Ihnen das Kontingent anbieten. Wichtig ist hierbei der Passus, daß der Rabatt pro Buch 80 % zu betragen hat – schließlich wurde die Auflage von Ihnen bereits voll finanziert. Ebenfalls von Bedeutung sind die zwanzig Exemplare, die in beiden Fällen beim Verlag verbleiben, um auf einige Zeit die Erreichbarkeit Ihres Buchs zu gewährleisten.

§ 12 Schlußbestimmungen
Für Sie ohne Belang.

Manche Verlage führen auch einen Paragraphen zum Druckkostenzuschuß. Hierbei wird für gewöhnlich der Kostenvoranschlag als gültiges Dokument ausgewiesen, was die Details der Herstellung und die daraus abgeleiteten Kosten betrifft. Umso bedeutender ist es also, daß zuvor alle entsprechenden Unklarheiten ausgeräumt wurden.

3. Der Autor kann weitere Exemplare des Buches und andere Titel des Verlages mit 30 % Rabatt auf den Verkaufspreis vom Verlag beziehen.
4. Bei weiteren Auflagen erhält der Autor jeweils fünf Freiexemplare.

§ 7 Werbung

1. Der Verlag bestimmt die zur Verbreitung erforderlichen Werbemaßnahmen sowie den zeitlichen Ablauf der Werbung. Der Verlag bemüht sich um eine Besprechung in der Fachpresse. Der Verlag nimmt Anregungen des Autors hinsichtlich der Werbung gern entgegen.
2. Der Autor unterstützt den Verlag bei seinen Werbemaßnahmen, indem er dem Verlag einen Kurzwerbetext, eine Kurzinhaltsangabe sowie einige autobiographische Angaben liefert. Entsprechende Hinweise des Verlages erhält der Autor nach Vertragsabschluß.

§ 8 Vertrieb

1. Der Verlag bestimmt nach pflichtgemäßem Ermessen den Verkaufspreis sowie die einzuschlagenden Vertriebswege. Änderungen des Verkaufspreises behält sich der Verlag vor.

§ 9 Honorar

1. Der Autor erhält für die erste Auflage kein Honorar.
2 Honorare, die sich aus der Verwertung der Nebenrechte ergeben, werden zwischen Autor und Verlag ab der ersten Auflage hälftig geteilt.
3. Der Autor unterrichtet den Verlag über den Wechsel seines Wohnsitzes.
4. Bei einer Nachauflage (ab. 2. Auflage) erhält der Autor ein Honorar in Höhe von 6 % vom Nettoladenpreis.
5. Exemplare, die durch den Autor selbst erworben werden, sind honorarfrei.

§ 10 Weitere Auflagen

1. Ist eine Auflage ausverkauft, so kann der Autor den Verlag auffordern, eine neue Auflage herzustellen und zu verbreiten. Entschließt sich der Verlag nicht dazu, eine neue Auflage herauszugeben, fallen die Veröffentlichungsrechte an den Autor zurück.
2. Der Verlag wird dem Autor rechtzeitig mitteilen, wann er eine neue Auflage zu publizieren beabsichtigt, damit der Autor ggf. Änderungen oder Ergänzungen an seinem Manuskript anbringen kann.

§ 11 Sonder- und Ausverkauf

Ist nach pflichtgemäßem Ermessen des Verlages ein nennenswerter Absatz der laufenden Auflage nicht mehr zu erzielen (in der Regel nach Ablauf von drei Jahren), so ist der Verlag ermächtigt, den Verkaufspreis herabzusetzen, um ggf. auf diese Weise die Restauflage zu veräußern.
Nach drei Jahren ist der Verlag aber auch zur Lagerräumung berechtigt. Zur Befriedigung eventuell noch vorhandener Nachfrage bzw. um die Verbreitung des Werkes auch weiterhin sicherzustellen, erklärt der Verlag sich bereit, einen Restbestand von maximal 20 Exemplaren am Lager zu halten. Der Autor akzeptiert, daß der Verwaltungsaufwand keine Honorarzahlung für den Restbestand zuläßt.
Der Verlag wird den Autor rechtzeitig von einer Lagerräumung unterrichten. Der Autor muß innerhalb von sechs Wochen nach Zustellung des Briefes erklären, ob er Restexemplare (mit einem Rabatt von 80 % auf den Verkaufspreis zuzüglich Versandspesen, ohne Honoraranspruch) erwerben möchte. Erhält er innerhalb von drei Wochen keine Antwort vom Autor, kann der Verlag die Lagerräumung weiterführen.

§ 12 Schlußbestimmungen

1. Für Verstöße gegen die Vertragsbestimmungen, soweit sie durch höhere Gewalt oder durch außerhalb ihrer Verantwortung liegende Umstände verursacht werden, brauchen die Vertragschliessenden nicht einzustehen.
2. Dieses Vertragsverhältnis untersteht dem Recht der Bundesrepublik Deutschland. Ergänzend gelten die Regeln des Urheber- und Verlagsrechtes.

Ort, Datum Unterschrift (Verlag)

Ort, Datum Unterschrift (Autor)

2

Haben Sie den Vertrag unterzeichnet, kann der Satz des Buchs begonnen werden. Und: Auf Antrag dürfen Sie ab diesem Zeitpunkt Ihren akademischen Titel führen

Zusammenfassung

Der Verlagsvertrag regelt die Verbindlichkeiten zwischen Autor und Verlag und schreibt für beide Seiten Rechte und Pflichten fest. Entsprechend sorgfältig sollten Sie ihn studieren. Mißtrauen wäre aber fehl am Platz, da das erprobte Verfahren für beide Seiten Fairneß garantiert.

WIE GESTALTE ICH DAS MANUSKRIPT?

Von der rechten Form: Gestalten oder gestalten lassen

Was auch immer Sie mit Ihrem Text vorhaben: Das gedruckte Ergebnis muß bestimmten Anforderungen genügen. Gleichzeitig aber sollte es so angenehm lesbar wie möglich sein. Hierbei sind grundsätzlich zwei Wege möglich: Entweder Sie gestalten die Druckfassung selbst, oder Sie lassen gestalten.

Sie gestalten selbst die Druckfassung Ihres Texts: Dies ist der Fall bei jeder Form von Eigenedition, bei Mikrofiche-, BOD- und Internetlösungen; auch wissenschaftliche Verlage schlagen gern diesen Weg ein. Dies spart im Regelfall Geld (oder sollte dies zumindest tun), allerdings sind nun Sie mit der Erstellung von Satz und Layout belastet. Hierzu gilt: Wählen Sie – bei einem Manuskript im Format A4 – *ausreichende Seitenränder* von 5–6 cm nach allen Seiten. Eine *Kopfzeile* mit den jeweiligen Kapitelüberschriften hilft dem Leser bei der Orientierung. *Seitenzahlen* bringen Sie am besten jeweils oben außen auf der Kopfzeile unter. Ihre *Schriftart* sollte im Haupttext mit Serifen – den feinen Linien am Ende von Buchstabenstrichen – versehen sein, also z. B. aus der Familie der New Times Roman oder der Garamond stammen. Als Format wählen Sie mindestens 10pt., aber nicht mehr als 12pt. Fußnoten sollten – sofern einrichtbar – jeweils 2pt. unter Ihrer Hauptschrift liegen, Überschriften (fett markiert) 2pt. darüber. Neue *Hauptkapitel* beginnen immer auf dem rechten Blatt einer Doppelseite. Fügen Sie ruhig eine Leerseite (»Vakatseite«) ein, falls dies erforderlich sein sollte. Verzichten Sie auf Blocksatz, da dieser zu viele typographische Probleme mit sich bringt. Ein *Flattersatz* ist angemessener und zudem leichter zu realisieren. Der *Zeilenabstand* sollte im Haupttext 1,5 Zeilen betragen. Fußnoten erhalten einen einfachen Zeilenabstand.

Sie lassen die Druckfassung Ihres Texts gestalten: Dies wird für gewöhnlich der Fall sein, wenn Sie sich für CD-ROM, eBook oder eine Printlösung entschieden haben und jemand im Verlag den Satz des Manuskripts übernimmt. Allerdings ist ein solches Vorgehen nur dann vorteilhaft, falls die oder der Beauftragte tatsächlich etwas vom Setzen versteht – was unterdessen längst nicht immer der Fall ist. Tatsächlich verleiten die technischen Möglichkeiten der PC-Kultur dazu, sich auf diesem Gebiet für qualifiziert zu halten, weil man tagtäglich Umgang mit Schriften und Schriftarten hat. Kenntnisse dieser Art erweisen sich bei Tageslicht gesehen allerdings als höchst bescheiden. Typographie ist eine Kunst, die nicht nur ein gutes (und in der Praxis geschultes) Auge verlangt, sondern auch umfängliche Fachkenntnisse. Es geht nicht nur um Schriftarten und Seitenlayout, sondern auch um Zeilen-, Wort- und sogar Buchstabenabstände. Wer diesen Aspekt der Buchproduktion vernachlässigt, kann erleben, daß sich selbst der bestgeschriebenste Text in eine ermüdende Buchstabenwüste verwandelt, die beim Leser Desinteresse erzeugt. Dies liegt dann nicht am Verfasser, sondern am Satzbild, das zu klein, zu groß oder schlicht in der ›falschen‹ Schriftart gehalten ist. Oder daran, daß die Buchstaben von der nächsten Seite interlinear durchscheinen; in diesem Fall spricht man von fehlender Registerhaltigkeit. Nur professioneller Satz in Verbindung mit Offsetdruck kann gewährleisten, daß die Zeilen der Papiervorderseite mit denen der Rückseite auf einer gemeinsamen Grundlinie liegen.

Wenn Sie nun Ihr Manuskript druckfertig machen, sollten Sie einige Grundregeln beherzigen, die dem Verlag das Setzen erleichtern. Dies spart Zeit, und Zeit ist bekanntlich Geld. Grundsätzlich arbeiten Sie mit einer *Kopie* ihres Originals, bei der Sie die *automatische Silbentrennung* deaktiviert haben. Sie liefern nicht mehrere, sondern nur *eine* Datei im Verlag ab. Anhänge können, Abbildungen und Tabellen hingegen müssen separat beigeben werden. Zur schnellen Orientierung reichen Sie auch noch einen *Ausdruck* Ihres Texts ein. Ihre Arbeit ist im Hinblick auf die Regelungen der Alten bzw. Neuen deutschen Rechtschreibung *einheitlich* gehalten und auf sprach-

Alte oder neue Rechtschreibung?

Die Reform der deutschen Rechtschreibung von 1996 war von Anfang an heftig umstritten und führt bis heute zu einer anhaltenden Auseinandersetzung. Ihre Akzeptanz in der Bevölkerung ist unvermindert gering. Schulen und Behörden wurden zur Einhaltung der Reform verpflichtet; Sie können sich zum Glück Gedankenfreiheit und einen klaren Kopf bewahren. Tatsächlich gibt es gute Gründe, auch der dritten Fassung vom 1. August 2006 mit Skepsis zu begegnen, und sei es auch nur, weil man die unmittelbare Abfolge von drei identischen Konsonanten (»helllicht«, »Kennnummer«, »Schwimmmeister«) für typographische Auffahrunfälle hält. Ästhetischen Torheiten diesen Kalibers brauchen Sie sich nicht anzuschließen.

Hilfreiche Alternativen zum Duden sind u.a.:

Theodor Ickler, NORMALE DEUTSCHE RECHTSCHREIBUNG. SINNVOLL SCHREIBEN, TRENNEN, ZEICHEN SETZEN, Leibniz, St. Goar, 4. Auflage 2004

Lutz Mackensen, DEUTSCHES WÖRTERBUCH, Manuscriptum, Waltrop, 13., gegenüber der 12. unveränderte Auflage 2006

liche Richtigkeit von einer kundigen Freundin oder einem kundigen Freund *durchgesehen* worden. (Dieses Verfahren empfiehlt sich freilich schon vor der offiziellen Abgabe der Dissertation.) Sie können Ihren Text auch von kompetenter Seite professionell lektorieren lassen, wobei Ihnen der Verlag gern einen erfahrenen Ansprechpartner nennt.

Wie überall, gibt es auch beim Manuskripteinrichten jenseits der trockenen Pflicht eine glanzbringende Kür: Legen Sie im Text nur dann einen neuen Absatz an, wenn inhaltlich ein *neuer Sinnabschnitt* folgt. Einzüge sollten mit *Tabulatoren* und nicht durch wiederholtes Betätigen der Leertaste erzeugt werden.

Anführungszeichen müssen *entweder* der deutschen („“ bzw. ‚‘) *oder* der französischen Norm (»« bzw. ›‹) entsprechen. Die englische Form (“”) ist genauso zu vermeiden wie die zweckentfremdete Verwendung von Kommata (, ’), Zollzeichen (" ") oder mathematischen Symbolen (> <).
Bitte verwenden Sie *maximal vier Überschriftenebenen* und numerieren Sie diese nicht durch (1 / 1.1 / 1.1.1 / 1.1.1.1). Das sieht abschrekkend aus und hindert den Lesefluß. Die Ebenenhierarchie wird beim Satz typographisch geregelt. (Hier können die Nummern zur Orientierungshilfe allerdings nützlich sein!) Prüfen Sie mittels des Wortsuchprogramms, ob sich *doppelte Leerzeichen* oder *Leerzeichen vor Satzzeichen* (»Beispiel .«) in Ihrem Text verstecken.
Fußnoten – die in Überschriften sehr unschön aussehen – werden *ohne Betätigung der Leertaste* nach Satzzeichen (».[1]« bzw. »,[1]«) oder Einzelworten (»Beispiel[1]«) gesetzt, jedoch *nicht* vor Satzzeichen. Über die Anzahl der Fußnoten sollten Sie sich bei Textabgabe im klaren sein, denn es ist sehr kostenaufwendig, diese nach dem Setzvorgang zu streichen oder neu hinzuzufügen!
Abkürzungen wie »d.h.«, »z.B.«, »S.1–6«, »15%«, »§1« oder »1×1cm« schreiben Sie ohne Leerzeichen. Hier sind nämlich nur ›halbe‹ Abstände nötig, die beim Setzvorgang ergänzt werden. Unterstreichungen, GROSSBUCHSTABEN oder S p e r r u n g e n sehen häßlich aus und sind daher zu vermeiden. Bitte nutzen Sie *Kursivierungen* oder – insbesondere bei der Kennzeichnung zitierter Buchtitel – KAPITÄLCHEN. (Übrigens: Beim Profi sind Kursivierungen keine »verschrägte«, sondern eine eigenständige Schrift!) Der lange Gedankenstrich »–«, der auch für »bis« steht (»1990–1999«), muß vom kurzen Bindestrich »-« (»Hamburg-Altona«) unterschieden werden. Folgt auf einen Gedankenstrich ein Komma, wird es ohne Leerzeichen an dieses gerückt. Auf Kürzungen innerhalb von Zitaten, die mit eckigen Klammern »[…]« angezeigt werden, können Sie unmittelbar *zu Beginn oder Ende* eines Zitats verzichten.
Begriffe, die in einem Register erscheinen sollen, müssen im Text konsequent mit *Indexmarken* versehen werden.

Ein Sonderfall sind Abbildungen. Diese haben Sie durchnumeriert und entsprechende Verweise wie »(Abb. 1)« im Text eingefügt; Floskeln wie »vgl.« oder »siehe« sind dabei verzichtbar. Die ebenfalls durchnumerierten Abbildungsunterschriften reichen Sie separat ein. Bilddateien sollen für gewöhnlich als .tif- und .eps-Dateien vorliegen und ein Mindestformat von 300 dpi haben. Hier müssen Sie unbedingt nachfragen, welche Vorgaben der Verlag macht.

Weiterlesen:
DUDEN: SATZ UND KORREKTUR. MATERIALIEN, Dudenverlag, Mannheim 2003
Hans Peter Willberg / Friedrich Forssman: ERSTE HILFE IN TYPOGRAPHIE, Hermann Schmidt, Mainz 2000

Lob der Lesbarkeit: Überarbeitung und Lektorat

Dissertationen sind selten fehlerfrei. Auch wenn Sie mit »Summa« oder »Magna« promoviert wurden, liegen von Seiten Ihrer Doktormutter oder Ihres Doktorvaters Anmerkungen zum Text vor. Die allermeisten hiervon haben Sie bereits in jenem Handexemplar eingearbeitet, das Sie im Sekretariat abgeben mußten, um die Druckreife zu erlangen. Es liegt nun natürlich nahe, bei der Korrektur Ihre Arbeit noch einmal auf Lesbarkeit zu überprüfen.
Akademische Texte sind mit einer bestimmten Form und einem als »typisch« empfundenen Impetus verbunden. Gerade Dissertationen geben sich bevorzugt selbstbewußt und untrüglich; sie schwelgen in Zitaten, kompliziertem Satzbau und entlegenem Vokabular. Daß Sie damit die Prüfung bestanden haben, heißt noch lange nicht, daß Leser außerhalb Ihrer Fakultät mit Ihrem Text etwas anfangen können. Natürlich wenden sich wissenschaftliche Texte immer an ein spezielles, nämlich zumeist akademisch vorgebildetes Publikum; es wäre naiv, etwas anderes anzunehmen. Trotzdem sollten Sie es Ihrer Leserschaft nicht zu schwer machen. Und was spricht wirklich

dagegen, Ihren Text noch einmal durchzugehen und sprachlich behutsam zu entschlacken? Ein solches Vorgehen kann der Rezeption Ihres Buchs nur nützlich sein. Und es reduziert Kosten, wenn sich der Text am Ende um 10–15% verschlankt hat.
Inwieweit sich eine Überarbeitung lohnt, hängt davon ab, welchem Doktortyp Sie zuzurechen sind. Als »Vielseitige/r« und »Selbstbewußte/r« sollten Sie vital daran interessiert sein, Ihre Thesen *zugänglich* zu formulieren, denn Sie wollen ja ein breiteres Publikum einnehmen. Eine Überarbeitung nach den weiter unten genannten Kriterien kann also ausgesprochen nützlich sein. Anders ist es hingegen, wenn Sie ein oder eine »Akribische/r« sind. Hier wird eine Durchsicht in *enger Zusammenarbeit* mit dem Verlag geschehen, in dem Ihre Arbeit erscheint. Dabei geht es um die Einarbeitung aktueller Forschungsliteratur, aber auch um die Schärfung Ihres akademischen Profils. Um »Lesbarkeit« im herkömmlichen Sinne brauchen sie sich dabei nicht zu kümmern. »Eilige« hingegen können sich *jedweden Aufwand sparen*, da es ihnen primär um das Führen des Titels geht. Glück gehabt – Sie sind mal wieder fein raus!
Wenn Sie sich für eine Überarbeitung entscheiden, sollten Sie folgende Dinge dabei beachten: Verzichten Sie auf *durchnumerierte Überschriften* (außer als Hilfestellung für den Verlagssatz) und mehr als *vier Gliederungsebenen*. Tilgen Sie *überlange Satzkonstruktionen* und verwenden Sie so *wenig Fremdwörter* wie möglich. Gliedern Sie *Zitate ein*, die durch Absatz und Einschub vom Fließtext separiert wurden. (Anführungszeichen dabei nicht vergessen!)
Und schließlich: *Prüfen und reduzieren* Sie die Anzahl Ihrer *Fußnoten*. (Das ist der mit Abstand wichtigste Punkt!) Welche Möglichkeiten es hier gibt, lesen Sie im nebenstehenden Kasten.
Übrigens können Sie die formale Seite der Überarbeitung auch von professioneller Seite erledigen lassen. Viele Verlage arbeiten mit freien Lektoren zusammen, die große Erfahrung darin haben, ein Manuskript sprachlich aufzupolieren und für den Satz einzurichten. Dieser Service kommt nicht nur Ihrem Text, sondern auch Ihnen selbst zugute, da es sich um eine handfeste Arbeitserleichterung

Kleine Ästhetik der Fußnote

Grundsätzlich lagern Fußnoten weiterführende Anmerkungen und Quellenangaben aus dem Haupttext aus. Dahinter steht die Absicht, einerseits die Lektüre flüssiger zu gestalten, andererseits zusätzliche Gedankengänge zu integrieren. Hierzu gibt es mehrere Möglichkeiten. Die durchlaufend numerierten *Fußnoten* können unten auf der jeweiligen Seite oder hinten im Buch untergebracht werden; in diesem Fall spricht man von *Endnoten*.

In der akademischen Praxis haben Fußnoten die Angewohnheit, in Anzahl wie Volumen unverhältnismäßig anzuschwellen. Dahinter steht leider nicht immer der Versuch, dem Forschungsgegenstand gerecht zu werden, sondern auch die Absicht, den Eindruck umfassender Gelehrtheit zu vermitteln. Das ist legitim, da es um das Bestehen einer Prüfung geht. Losgelöst vom akademischen Procedere sind Fußnoten jedoch eine Zumutung. Es handelt sich nämlich um rechte Wichtigtuer: Sie prägen unangenehm die visuelle Gestaltung der Seiten und vermitteln Leserin wie Leser den Eindruck, etwas wesentliches zu verpassen, wenn man sie übergeht. Entsprechend wird die Lektüre des Haupttextes permanent unterbrochen, obwohl dies doch gerade durch die Verwendung der Fußnoten vermieden werden sollte.

Es spricht daher viel dafür, den vorhandenen Fußnotenapparat unter der Maxime »So viel wie nötig, aber so wenig wie möglich« kritisch zu überprüfen. Mißtrauisch sollten Sie vor allem dann werden, wenn einzelne Fußnoten mehr als drei Zeilen beanspruchen oder die Gesamtanzahl in die Hunderte geht.

Generell gilt:

- Welche Ausführungen sind *wirklich wichtig*?
- Was hiervon kann in den *Haupttext integriert* werden?
- Welche *Streichungen* wären möglich?

Übrigens: Auf Querverweise innerhalb Ihrer Arbeit (»Siehe Kapitel...«, »Vgl. hierzu meine Ausführungen unter...«) können Sie ruhigen Gewissens verzichten.

Wenn Ihre Anmerkungen primär aus Literaturangaben bestehen, sind diese am besten als *Endnoten* aufgehoben. Dies hat mehrere Vorteile:

- Ihr Text findet zu einem gleichmäßigen und damit *angenehmen Seitenlayout*.
- Der »typische« und für ein breiteres Publikum *negative Eindruck* einer wissenschaftlichen Arbeit wird *vermieden*.
- Endnoten sind typographisch *sehr viel einfacher zu handhaben* als Fußnoten. Bei einem professionellen Satz spart dies Zeit und damit (wieder einmal) Geld.

Grundsätzlich müssen Sie beachten, daß Fuß- wie Endnoten vom Verlag manuell gesetzt werden. Dies bedeutete, daß Sie nur unter kostenpflichtigem Aufwand nachträgliche Hinzufügungen oder Streichungen durchführen können, wenn das Manuskript bereits im Layout vorliegt. – Text*änderungen* hingegen sind möglich, wobei sich auch hier die Endnote als unkomplizierter erweist.

handelt. Zudem kann sich die Zusammenarbeit mit dem Verlag vereinfachen, wenn Ihr Manuskript unproblematisch zu setzen ist und wenig Korrekturbedarf besteht. Allerdings muß die Lektoratsleistung extra bezahlt werden. Die Summe richtet sich nach dem Arbeitsaufwand und wird mit dem Verlag ausgehandelt, der Ihnen auch hier beratend zur Seite steht.

Haben Sie sich geeinigt, erhält der Lektor das inhaltlich bereits akurate Manuskript als Datei, in der er Änderungen vornimmt und diese farblich markiert. Sie brauchen dann nur noch diese Eingriffe durchzugehen, wobei Sie sich im Zweifelsfall auf die Erfahrung des Lektors verlassen sollten.

Je größer der Zeitabstand zwischen Doktorprüfung und Überarbeitung, desto leichter wird Ihnen diese fallen. Zum einen, weil Sie Abstand zu Ihrem Thema bekommen und sich Ihrem Text unbefangen nähern können. Zum anderen, weil Sie mit fortschreitender Distanz zum akademischen Leben auch den damit verbundenen Schreibstil ablegen werden.
Die Inanspruchnahme eines Lektorats entlastet Sie und hilft, Ihre Arbeit für den Druck optimal einzurichten.

Sag es treffender: Die Wahl des Buchtitels

Der Titel ist das Entree in das Thema Ihres Buchs. Er vermittelt einen ersten Eindruck davon, was auf den Seiten thematisch verhandelt wird und ist allein schon von daher wichtig, als daß Sie nur einmal Gelegenheit haben, eben jenen »ersten Eindruck« zu hinterlassen.
Drei Faktoren sind hierbei besonders wichtig: Auf Buchumschlägen und im Gedächtnis der Menschen ist nur wenig Platz. Ihr Titel sollte also recht *kurz* sein. Ein Buchtitel im wissenschaftlichen Bereich besteht für gewöhnlich aus einem Haupt- und einem Untertitel; in einem von beiden muß Ihr Thema *prägnant* zur Sprache kommen. Während der Titel Ihres Manuskripts die akademischen Prüfer ansprechen sollte, haben Sie es jetzt mit einem größeren Publikum zu tun, das auch *ästhetisch* zu seinem Recht kommen möchte.
Kurzgefaßt geht es also darum, knapp, prägnant und zugleich ansprechend zu formulieren. Das ist nicht so schwer, wie es sich vielleicht anhört; tatsächlich werden Sie an Ihrem Originaltitel nur geringe Änderungen vornehmen müssen. Denkbar ist zum Beispiel ein *Zitat* als Haupt- und eine *Erläuterung* als Untertitel: *»A strange World«. Das Universum des David Lynch.* Sie können Ihre Themen auch *stichwortartig* auflisten, was vielleicht ein wenig schmucklos, aber in jedem Fall gut recherchierbar ist: *Männlichkeit und Werbung. Inszenierung – Typologie – Bedeutung.* Eine weniger knappe, aber ebenfalls sehr *transparente Variante* liest sich wie folgt: *Der*

Blick in den Psychopathen. Struktur und Wandel im Hollywood-Psychothriller. Vermeiden sollten Sie überlange oder unverständliche Titel – also solche, die nur die akademische Fachwelt entschlüsseln kann. Gänzlich unangebracht sind Abstiege in »neudeutsche«, also anglizistisch geprägte Sprachabgründe. Ein Tip: Kommata machen sich in Titeln nicht sehr gut. Aufteilungen in Haupt- und Nebensatz kommen also nur ausnahmsweise in Frage; Aufzählungen regeln Sie mit dem langen Gedankenstrich.

Natürlich geht es bei der Titelwahl nicht nur darum, der Leserschaft entgegenzukommen und für Ihr Buch Reklame zu machen. Angesichts einer stetig expandierenden Titelflut müssen Sie vor allem gut recherchierbar sein. Das Hauptthema Ihres Buchs soll so erscheinen, daß ein möglicher Interessent auf Ihren Text stößt, wenn er in Internet-Suchmaschinen oder bei Versandbuchhändlern Stichworte eingibt.

Übrigens: Ihr akademischer Grad gehört grundsätzlich nicht auf den Umschlag von Buchveröffentlichungen. Bei Ihrer Dissertation liegt das bereits daran, daß Sie den Titel zumeist erst nach Publikation derselben führen dürfen. Doch auch in allen anderen Fällen empfiehlt sich britisches *understatement*. Tatsächlich werden gewohnheitsmäßig nur die Produkte einer bekannten Backwarenfirma sowie die Autoren von Gesundheitsratgebern mit einem »Dr.« versehen. Hier brauchen Sie sich nicht einzureihen.

Zusammenfassung

Um sowohl die verlegerische Betreuung Ihres Texts als auch dessen »Marktchancen« zu verbessern, lohnt sich eine umfängliche Durchsicht des Manuskripts.

1. Formal sollten Sie darauf achten, die an akademischen Gepflogenheiten orientierte Textgestaltung weitgehend zu eliminieren, damit Ihre Arbeit zu einem angenehmen Layout findet.
2. Auch inhaltlich kann Ihr Text – sofern Sie keine Karriere an der Universität anstreben – behutsam entakademisiert werden. Wesentlich hierbei sind der Verzicht auf Fremdwörter und überlange Sätze sowie in Anzahl und Volumen stark reduzierte Fußnoten.
3. Der Titel Ihrer Arbeit ist kurz, thematisch präzise und ansprechend formuliert.

WAS MUSS ICH BEI DER HERSTELLUNG BEACHTEN?

Nachdem Sie den Druckkostenzuschuß akzeptiert, den Vertrag unterschrieben und das Manuskript im Verlag abgegeben haben, wird Ihr Text gesetzt. Damit ist für Sie der wesentliche Teil der Arbeit getan, und falls Sie verschnaufen möchten, wäre jetzt der passende Zeitpunkt dafür.
Allerdings: Abgeschlossen ist Ihr Buchprojekt noch nicht. Ein paar außerordentlich wichtige Dinge sind nämlich noch zu erledigen: Ihr Buch benötigt ein *Umschlagmotiv*. Dazu gehört ein ansprechender *Klappentext*. Schließlich muß der gesetzte Text zweimal *korrekturgelesen* werden. Und: Im Fall beigegebener Bilder müssen Sie spätestens jetzt die *Rechtslage* klären. Je rascher Sie diese Dinge erledigen, desto schneller kann Ihr Buch in Druck gehen. Es lohnt sich also, eng mit dem Verlag zu kooperieren.

Mit der Abgabe des Manuskripts ist nur ein Teil ihrer vertraglichen Vereinbarung mit dem Verlag erfüllt. Je schneller Sie ihm zuarbeiten, desto früher erscheint Ihr Buch.

Aufmerksamkeit erwecken: Das Umschlagmotiv

Der Buchumschlag nennt nicht nur Autor und Titel, Verlag und ISBN, sondern er ist oft zusätzlich mit einem Bildmotiv ausgestattet. Dieses dient in erster Linie dazu, das Interesse des Käufers auf sich zu ziehen und nonverbal etwas über den Inhalt des Buchs zu vermitteln. Oft versuchen Verlage, durch effektreiche Umschlaggestaltung die Verkaufschancen zu erhöhen, was auf die direkte Konkurrenzsituation im Buchladen abzielt. Bei wissenschaftlichen Büchern kommt der Kauf allerdings beinahe ausschließlich über das Thema (und das heißt: über Textrecherche) zustande. Dies gilt insbesondere, da die Auflagen viel zu gering und die Sujets zu entlegen sind, um selbst eine minimale Präsenz im Buchhandel zu ermöglichen. Entsprechend müssen Sie Ihr Buch nicht nach den Gesichtspunkten der Werbewirksamkeit gestalten. Dies bedeutet allerdings keineswegs, auf eine informative und ansprechende Optik zu verzichten. Langeweile ist stets ein Verkaufshindernis. Ihr Buch taucht vielleicht nicht in der Buchgeschäft um die Ecke, aber in Fachbuchhandlungen, im Internet und im Prospekt des Verlags auf; außerdem muß es sich in der Bibliothek gegenüber zahlreichen anderen Titeln behaupten, die ebenfalls in die Hand genommen werden wollen. Entsprechend haben Sie allen Grund, auch bei der Umschlaggestaltung ein Maximum zu erzielen. Glücklicherweise brauchen Sie das Design nicht selbst zu erledigen, denn das macht der Verlag für Sie. Sie können aber – sofern es sich nicht um einen Reihentitel mit festem Layout handelt – Einfluß nehmen: Zum einen durch die (kostenrelevante) Anzahl der Druckfarben, zum anderen durch Auswahl eines Motivs.

In wie vielen Farben der Umschlag Ihres Buchs gedruckt wird, sollten Sie mit dem *Gesamtvolumen* des Projekts abstimmen. Einzige Ausnahme: Beim BOD ist ein farbiger, digital erzeugter Umschlag im Preis inbegriffen – ein Angebot, das Sie nutzen sollten. Das Umschlagmotiv muß mit dem *Thema* Ihres Buchs in direkter Verbindung stehen. Absolventen der geisteswissenschaftlichen Fakultät haben es hier etwas leichter, da sie leicht an Autoren- oder Künstlerportraits oder bildnerische Arbeiten gelangen können, die sich für ihre Zwecke eignen. Trifft dies auf Sie nicht zu, versuchen Sie eine spielerische Annäherung, die Ihrem Thema so gut wie möglich gerecht wird. Natürlich müssen auch Umschlagabbildungen gewissen technischen Anforderungen genügen. Die Details hierzu stimmen Sie mit dem Verlag ab. Übrigens spielt es unter dem Kostenaspekt keine Rolle, ob Ihr Motiv nur auf dem vorderen Umschlagdeckel oder über den gesamten Einband zu sehen ist. Letzteres kann zu reizvollen Effekten und einem erhöhten Wiedererkennungswert führen. Gerade die Wirkung des Buchrückens – also jenem Buchteil, das über Jahrzehnte im Regal zu sehen ist – wird gern unterschätzt. Sollte sich kein passendes Motiv finden oder der Verlag eine rein typographische Umsetzung vorgeben, kann man natürlich auch im Spiel von Farben und Buchstaben eine vorzügliche Wirkung erzielen. Lassen Sie sich mehrere Varianten zeigen und riskieren Sie ruhig einmal eine etwas ›gewagtere‹ Kombination. Ihr Text ist seriös genug.

Nutzen Sie das kreative Potential des Verlags zu einer attraktiven Einbandgestaltung, indem Sie Vorschläge und ein passendes Motiv einbringen.

Präzise Information: Der Klappentext

Der Klappentext (der sich bei Taschenbüchern und klappenlosen Broschuren auf dem hinteren Einbanddeckel findet) vermittelt dem Interessenten wesentliche Informationen zum Inhalt des Buchs. Er führt aus, was Titel und Untertitel nur anreißen können, nämlich worum es geht. Allerdings wird der Klappentext auch gern als eine Art Leseprobe verstanden, die dem Interessenten verrät, wie gut der Verfasser schreiben kann. Entsprechend sorgfältig sollten Sie formulieren.

Inhaltlich müssen Sie knapp bleiben, ohne in Kargheit zu verfallen (»So viel wie nötig, aber so wenig wie möglich«). Schildern Sie kurz, womit Sie sich beschäftigt haben, und erläutern Sie, was der Leser auf den Seiten erwarten kann. Dabei sollten so gut wie alle Begriffe fallen, die für Interessenten wichtig sind und nach denen recherchiert werden könnte. Sofern Ihr Text diese Etiketten verdient, dürfen Sie ihn auch gern als »gut lesbar«, »präzise« oder gar »spannend« bezeichnen. – Gänzlich unmöglich hingegen sind Negativargumentationen, wie z. B. die Herabwürdigung der bisherigen akademischen Forschung zu Ihrem Thema.

Formal gilt ähnliches wie bei der Überarbeitung Ihres Manuskripts: Vermeiden Sie Fremdwörter und überlange Sätze. Statt dessen sollten Sie versuchen, frisch und lebendig zu klingen, ohne sich jedoch

durch die Verwendung von Modewörtern – womöglich noch aus dem Bereich des »Neudeutschen« – beim Publikum anzubiedern. Übrigens ist es ratsam, den Text auf wenige Zeilen beschränken: 800–1.000 Zeichen sollten genügen.
Klappentexte werden gern zweitverwertet: im Prospekt, auf der Homepage, bei Werbesendungen aller Art. Bei Bedarf können Sie hier natürlich auch eingreifen und Varianten zur Verfügung stellen, die auf die spezifischen Bedürfnisse einzelner Adressaten abgestimmt sind.

Der Klappentext benennt das Thema Ihrer Arbeit und sollte alles enthalten, was für Interessenten wichtig sein könnte. Eine ansprechende Formulierung hilft, Ihr Buch ans Publikum zu bringen.

Von der Fehlertilgung: Das Korrekturlesen

Zugegeben: Korrekturlesen ist eine mühsame Angelegenheit. Sie kennen Ihren Text inzwischen beinahe zu gut: Sie haben ihn geschrieben, mehrfach durchgesehen und auch noch für die Druckfassung eingerichtet; nun kann doch eigentlich nicht mehr viel schiefgehen. Das stimmt. Aber nachdem Sie so lange an diesem Projekt gearbeitet haben, sollten Sie sichergehen, daß sich nicht auf den letzten Metern noch Fehler einschleichen. Schließlich sind Setzerinnen und Setzer auch nur Menschen. Und natürlich ist die Begutachtung der gesetzten Fassung auch immer ein aufregender Moment. Wichtig ist das Ziel des Korrekturlesens: Es geht *ausschließlich* um die getreuliche Umsetzung Ihres Manuskripts, nicht aber um ein Umschreiben desselben. Das heißt: Fehlerberichtigung ist erlaubt, nicht aber das ganze oder auch nur partielle Revidieren Ihrer Arbeit. Hierzu war vor Abgabe der Druckfassung genug Zeit. Bei Kleinigkeiten können Sie auf das Verständnis des Verlags zählen. Wenn Ihre Änderungen jedoch über 10 % des Textumfangs ausmachen, wird man Ihnen diesen Mehraufwand separat in Rechnung stellen.

Sie Korrekturwünsche haben, wäre es nett, wenn Sie die entsprechende Seitenzahl zusätzlich auf einem Zettel notieren. Dann muß sich der Verlag nämlich nicht durch das ganze Manuskript blättern. Auch hier gilt: Zwei Paar Augen sehen mehr als eins. Es lohnt sich immer, den eigenen Text von einer anderen Person durchsehen zu lassen.

Je genauer die Korrektur, desto fehlerfreier Ihr Buch. Und je rascher Sie den Andruck durchsehen, desto schneller kann der Band erscheinen.

Folgekosten vermeiden: Die Bildrechte

Bei den meisten Dissertationen ist der Textblock abbildungsfrei. Falls dies auch bei Ihnen zutrifft, brauchen Sie sich nur um die Rechte für die Umschlagillustration zu bemühen. Dies kann schnell und unkompliziert ablaufen, aber auch zu einer aufreibenden und kostenintensiven Angelegenheit werden. Mitunter ist der Rechteinhaber schwer zu ermitteln, oder er stellt beträchtliche finanzielle Forderungen. Letzteres führt bei nicht wenigen kunsthistorischen Forschungsarbeiten zu enormen Mehrkosten, wenn umfängliche Ansprüche befriedigt werden wollen.
Grundsätzlich ist es zwar so, daß Bilder als reine Argumentationshilfen dem Zitatrecht unterliegen und gebührenfrei abgedruckt werden können, sofern sie ein geringes Format aufweisen. (Dies ist bei Umschlagmotiven zumeist nicht der Fall.) Tatsächlich aber erweist sich die Situation als komplizierter. *Bilder aus Spielfilmen* sind geschützt. Erkundigen Sie sich beim Verleih, wo die Rechte liegen; in vielen Fällen werden sie zur weiteren Verwertung an Bildagenturen abgetreten. Deren Gebühren bemessen sich nach dem Verwendungsort (Umschlag / Innenteil) und der Auflagenhöhe. Da letztere bei Ihnen sehr gering ausfällt, werden sich die Kosten in Grenzen halten. Komplizierter ist die Lage bei *kunsthistorischen Artefakten*. Zwar erlischt das Urheberrecht siebzig Jahre nach dem

Tod der Künstlerin bzw. des Künstlers, aber dies hilft Ihnen nur bedingt weiter. Mit etwas Glück liegen die Rechte bei der Verwertungsgesellschaft Bild-Kunst (VG BILD), die nicht selten ganze Künstlernachlässe verwaltet. Hier können Sie mit einer großzügigen Auslegung der Tantiemenpflicht rechnen. Andernfalls besitzen die Künstlerfamilie, eine Stiftung oder die derzeitigen Eigentümer des Kunstwerks die Rechte. Natürlich wird man Ihnen keine Steine in den Weg legen wollen. Aber Museen werden bei der Reproduktion auf den hauseigenen Fotographen bestehen und Ihnen dessen Arbeitsleistung nicht ohne Zuschlag in Rechnung stellen. Bei mehreren Motiven kann sich dies rasch summieren. Zudem müssen Sie berücksichtigen, daß Kosten für Bildrechte bzw. das Anfertigen oder Verwenden von Reproduktionen nicht im Druckkostenzuschuß enthalten sind. Dieser Punkt wird am besten schon bei der Konzeption der Arbeit berücksichtigt. Und: Von Ihnen angefertigte Fotos sind – sofern Sie nicht über entsprechende Erfahrung verfügen – als Druckvorlagen leider häufig unbrauchbar.
Tip: Bei Unsicherheiten über die Rechtelage ist im Impressum der folgende Passus nützlich: »Trotz intensiver Recherche konnten nicht bei allen Bilddokumenten die Rechteinhaber ausfindig gemacht werden. Wir bitten, sich wegen etwaigiger Ansprüche an den Verlag zu wenden.«

> Die Bemühung um Bildrechte kann mitunter aufwendig sein, hilft aber, die Kosten für Ihr Buch kalkulierbar zu halten.

Zusammenfassung

Buchherstellung erschöpft sich zum Glück nicht allein im Setzen des Manuskripts. Um dem Kind einen »guten Start« zu verpassen, sollten Sie die folgenden Punkte beachten.
1. Das Buch benötigt ein adäquates Umschlagmotiv. Es sollte mit dem Thema ihrer Arbeit zu tun haben und einen angenehmen Eindruck vermitteln.
2. Der Klappentext erläutert, womit Sie sich beschäftigt haben. Er sollte kurz und informativ sein, aber auch für die Lektüre werben. Entsprechend wichtig sind zugängliche Formulierungen.
3. Korrekturlesen beseitigt unangenehme Fehler. Sie sollten es ebenso zügig wie präzise erledigen.
4. Um juristische Schwierigkeiten zu vermeiden, müssen Sie sich zeitig um die Rechte von Abbildungen bemühen. Das gilt auch für das Umschlagmotiv.

WIE VERMARKTE ICH MEIN BUCH?

Endlich ist es soweit: Ihr Buch ist erschienen. Per Post oder direkt im Verlag erhalten Sie die vereinbarten Belegexemplare. Das ist zunächst mal ein aufregender Moment, der genossen sein will; schließlich haben Sie lange genug darauf hingearbeitet. Bei aller Freude sollten Sie den Band natürlich auch auf Erfüllung der vertraglich vereinbarten Verbindlichkeiten überprüfen. Liegen alle Bestandteile in der vereinbarten Qualität vor? Hat die Druckerei sauber gearbeitet? Wie machen sich die Abbildungen? – Wenn alles seine Richtigkeit hat, können Sie aufatmen, denn viel kann nun wirklich nicht mehr schiefgehen, und Ihre Pflichten gegenüber dem Verlag sind erfüllt. Was nun noch an Arbeit übrigbleibt, hat mit der Verbreitung Ihres Buchs zu tun. Hier kommen drei Punkte in Frage:

- Die Verteilung von *Pflicht-, Frei- und Rezensionsexemplaren.*
- Eine *weitere Unterstützung des Verlags*, z. B. durch Bereitstellung von Pressetexten oder eMail-Adressen.
- Ihre *Zustimmung zu Nachauflagen und Remittierungsaktionen.*

Auch wenn Sie Ihre Verbindlichkeiten gegenüber dem Verlag erfüllt haben, kann sich weiteres Engagement für Sie lohnen. Schließlich wollen Sie sich mit Ihrem Buch darstellen.

Aus der Hand gegeben: Pflicht-, Frei- und Rezensionsexemplare

Auch wenn Sie vom Verkauf Ihres Buchs nicht finanziell profitieren, ist es natürlich ein angenehmes Gefühl, wenn Sie der Abrechnung entnehmen können, daß sich Ihr Buch vergleichsweise gut absetzen läßt. Trotzdem: Ein paar Exemplare müssen, einige weite-

re sollten Sie gratis verteilen – die einen, weil Sie hierzu verpflichtet sind, die anderen, um die Rezeption in Gang zu bringen.
Unverzichtbar und von der Prüfungsordnung geregelt sind die *Freistücke für die Universität.* Es werden in der Regel zwischen 6–8 Exemplare sein, die Sie im Dekanat abzuliefern haben. Zwei weitere Exemplare gehen an Die Deutsche Bibliothek, der zentralen Archivbibliothek der Bundesrepublik in Frankfurt am Main (www.ddb.de). Dies erledigt der Verlag für Sie. Daß es zum guten Ton gehört, Ihrer Prüferin bzw. Ihrem Prüfer ein *Widmungsexemplar* zu schenken, werden Sie sich schon gedacht haben. Ganz ähnlich sieht es mit Einzelpersonen oder Institutionen aus, die Sie finanziell gefördert haben. Und: Natürlich sollten *die Familie sowie Partnerin oder Partner* Freistücke erhalten. Promoviert werden ist auch für das private Umfeld mit erheblichen Belastungen verbunden (»Wann wirst Du endlich fertig?« bzw. »Was soll bloß aus Dir werden?«); entsprechend dürfen Sie Ihren Erfolg nicht unter den Scheffel stellen. Ein wenig Bewunderung kann nie schaden.
Auch hier gibt es jenseits der Pflicht noch die Kür: Das Verschicken von *Rezensionsexemplaren* übernimmt der Verlag. Wenn Sie Kontakte zur örtlichen Presse oder zu Fachmagazinen haben, sollten Sie diese jetzt ausspielen. Grundsätzlich empfiehlt es sich, zunächst Werbematerial zu verschicken und die Reaktion abzuwarten. Auch im *Universitätsbereich* machen sich gezielt verteilte Freistücke gut. Abgesehen vom Sympathiefaktor ist ausschlaggebend, welcher Adressat Ihnen als Multiplikator behilflich sein könnte. Dies ist natürlich vom Thema Ihrer Arbeit abhängig.
Sollten Ihnen die Belegexemplare ausgehen, erhalten Sie vom Verlag jederzeit neue Stücke – wenn auch gegen Berechnung. Ein Autorenrabatt von 30 % ist üblich und meist schon in Ihrem Vertrag verankert.

> Ein bedachtes Verteilen von Freiexemplaren unterstützt Ihre Reputation. Überlegen Sie gemeinsam mit dem Verlag, welche Empfänger in Frage kommen.

Von der Feinabstimmung: Weitere Unterstützung des Verlags

Sie haben sich einen Verlag ausgesucht, der bereits gut am Markt eingeführt ist und daher über mannigfaltige Kontakte verfügt. Es existieren eMail- und Fax-Verteiler, die Neuerscheinungen vorstellen und um Kunden werben; auch werden der Presse Rezensionsexemplare angeboten. Damit tut der Verlag schon viel für Sie. Nur: Leider ist Ihr Buch nicht das einzige im Programm. Der Verlag muß sich auch um die anderen Neuerscheinungen kümmern, weswegen sein Engagement für Ihren Band früher oder später an eine Grenze stoßen wird. Denn auch für Verlagsmitarbeiter hat der Tag nur vierundzwanzig Stunden. Hier können Sie wenig zeitaufwendig gegensteuern. Grundsätzlich muß Ihr Buch möglichst *präzise* im VLB-Schlagwortverzeichnis verankert sein, um bei Themenrecherchen angezeigt zu werden. Hier wäre es sinnvoll, wenn Sie eine Handvoll Begriffe auswählen, mit denen Ihr Text zu tun hat. Dies können neben Namen auch die behandelten Zeiträume oder Epochen sein, außerdem Länder, Sprachen, Sachgebiete usw. Der *Klappentext* Ihres Buchs ist kurz (800–1.000 Zeichen) und vergleichsweise allgemein gehalten, um ein breiteres Publikum anzusprechen. Für Werbeaussendungen könnte es sich lohnen, *erweiterte Fassungen* parat zu halten, die das Zielpublikum besser bedienen. Bibliotheken oder Fachzeitschriften erwarten einen deutlich vernehmbaren akademischen Ton und ausführliche Informationen; hier könnte es vielversprechend sein, das Inhaltsverzeichnis hinzuzufügen. Andere Adressaten hingegen benötigen vielleicht nur ein paar Zeilen Werbematerial, die dafür aber umso treffender gehalten sein müssen. Dies können Sie am besten, denn niemand kennt Ihre Arbeit so gut wie Sie.

Eng verbunden mit diesem Punkt ist die Frage nach *weiteren potentiellen Multiplikatoren*, die der Verlag auf seinen Verteilern bislang nicht erfaßt hat. Hier geht es wieder um Ihr spezifisches Thema, bei dem Sie sich am besten auskennen. Wen könnte der Text interessieren? Behandeln Sie jenseits Ihres Hauptgegenstands Dinge, die über eigenständige Interessentenkreise verfügen? Wer sollte

Ihre Arbeit wenn nicht lesen, so doch zumindest ihre Existenz zur Kenntnis nehmen? Schließlich: Gibt es einen Textabschnitt, der sich besonders gut für eine *Leseprobe* auf der Verlagshomepage eignet? Für das Internet könnte auch eine knapp gehaltene *Kurzbiographie* (evtl. mit Portraitfoto) sinnvoll sein.

Der Verlag kann nicht alles. Unterstützen Sie ihn mit zusätzlichen Werbetexten und Adressen, um das Marketing für Ihr Buch voranzutreiben.

Zu guter Letzt: Nachauflage und Remittierung

In Zeiten, in denen sich buchstäblich alles in Euro und Cent rechnen muß, unterliegen auch kulturelle Erzeugnisse dem Zwang zur Ökonomie. Bücher sind da keine Ausnahme. Nicht alles kann lieferbar gehalten werden: Was sich gut verkauft, bleibt über Nachauflagen greifbar; was das Publikum verschmäht, landet im Modernen Antiquariat. Dieses Prinzip betrifft natürlich auch Dissertationen, wenn auch in abgemildertem Umfang. Zu *Nachauflagen* wird es bei Doktorarbeiten nur in den wenigsten Fällen kommen. Wenn Ihr Titel überraschend schnell vergriffen ist oder sich über längere Zeit konstant gut verkauft, kann sich ein solches Unterfangen für alle Parteien lohnen. Neue Druckkostenzuschüsse werden hierbei nicht fällig, statt dessen steht Ihnen ein reguläres Autorenhonorar zu. Es wird meist halbjährlich ausgeschüttet und beträgt in der Regel 6–8 % vom Nettoverkaufspreis jeden verkauften Exemplars. Übrigens muß ein Nachdruck nicht unbedingt auf Papier erfolgen. Es spricht viel dafür, statt dessen ein eBook herzustellen, das aufgrund fehlender Lagerkosten tatsächlich über Jahrzehnte lieferbar gehalten werden kann. Sollte sich Ihr Titel hingegen nach einer Zeitspanne von drei bis fünf Jahren nur sehr schleppend verkaufen, kann der Verlag eine *Remittierung* durchführen. Zu deutsch: Ein Teil der Auflage geht in den Ramsch. Dies klingt wenig erfreulich, birgt aber auch Chancen. Schließlich kann eine preisreduzierte Ab-

gabe der Verbreitung Ihrer Arbeit zugute kommen. Auch entstehen Ihnen keinerlei finanzielle Verluste. Sie sollten allerdings darauf achten, daß der Verlag zumindest einige Exemplare regulär lieferbar hält, damit Ihr Text weiterhin zugänglich ist.
Zugegeben: So recht müssen Sie sich über diese beiden Punkte keine Gedanken machen. In den allermeisten Fällen wird Ihre Arbeit über die Jahre hinweg nämlich schlicht abverkauft.

Nachauflage und Remittierung sind legitime Mittel, um den Absatz eines Buchs zu unterstützen. Auch wenn »Verramschung« unschön klingt, kann der Vorgang bei der Verbreitung Ihrer Arbeit hilfreich sein.

Zusammenfassung

Auch nach Erscheinen können Sie – ohne großen Kosten- oder Zeitaufwand – noch etwas für die Verbreitung Ihres Buchs tun.
1. Potentielle Multiplikatoren sollten von der Existenz Ihrer Arbeit in Kenntnis gesetzt werden und bei Interesse ein Freiexemplar erhalten. (Hierbei ist das »Gießkannenprinzip« zu vermeiden.)
2. Es lohnt sich, für spezielle Aussendungen alternative Klappentexte zu erstellen, die auf die jeweilige Zielgruppe abgestimmt sind.
3. Wenn der Verlag nach einigen Jahren Ihr Buch remittiert (was im Vertrag geregelt wurde), sollten Sie dies so nüchtern wie möglich betrachten.

WIE FINANZIERE ICH DEN DRUCKKOSTENZUSCHUSS?

Die Finanzierung der Dissertation trifft Sie zu dem denkbar ungünstigsten Zeitpunkt, schließlich haben Sie bislang in erster Linie studiert und stehen somit erst am Anfang Ihrer Erwerbstätigkeit. Entsprechend ist die Kasse leer, und eigentlich haben Sie auch ganz andere Sorgen, als sich um Geld für die Drucklegung zu bemühen – will doch zunächst einmal solches für den eigenen Lebensunterhalt beigebracht sein. Aus dieser Misere ergibt sich, daß nicht wenige Publikationen über die Familie oder die Partnerschaft finanziert werden. Natürlich redet niemand groß darüber, und von einem Modellcharakter kann schon gar keine Rede sein. Aber oft bleibt gar keine andere Wahl. – Wer hingegen an einen regulären Kredit denkt: Versuchen können Sie's. Aber es wäre das erste Mal, daß jemand ohne Geld (oder entsprechende Sicherheiten) ebensolches von einer Bank bekommt.
Besser sieht es aus, falls bereits der eigentliche Promotionsvorgang über ein Stipendium finanziert wurde, da die entsprechenden Stiftungen oder Graduiertenkollegs ihre Schützlinge für gewöhnlich nicht mit den Druckkosten allein lassen. In diesem Fall können Sie mit einer Bezuschussung rechnen, deren Höhe von der jeweiligen Institution abhängig ist. Jenseits hiervon existieren die folgenden Einnahmequellen: Sie können sich um spezielle *Förderungs- und Zuschußmöglichkeiten* bemühen. Hier gibt es zum einen regionale Angebote, doch auch bundesweit agierende Stiftungen (www.stiftungsindex.de) verfügen mitunter über entsprechende Budgets. Am interessantesten dürfte der Förderungsfonds der Verwertungsgesellschaft Wort (VG WORT) sein, der zudem im Internet vorzüglich erschlossen ist. Voraussetzung für eine Antragstellung sind aber überdurchschnittliche Leistungen, was bedeutet, daß Ihre Arbeit mit Auszeichnung bewertet sein muß, und zwar von allen beteiligten Gutachtern.

Zumindest einen Teil Ihrer Auslagen können Sie über die *Tantiemen der VG WORT* zurückerhalten. Hierzu ist eine rechtzeitige Anmeldung erforderlich. Auch muß die Publikation überhaupt meldefähig sein.

Die Finanzierung der Doktorarbeit bleibt ein Problem. Dennoch sollten Sie prüfen, ob eine Bezuschussung für Sie in Frage kommt. Und: In den meisten Fällen können Sie zumindest mit den Tantiemen von der VG WORT rechnen.

Weiterlesen:
Dieter Herrmann / Angela Verse-Herrmann, GELD FÜRS STUDIUM UND DIE DOKTORARBEIT, Eichborn, Frankfurt a.M., 5. Aufl. 2006

Förderungs- und Zuschußmöglichkeiten

Dieses Thema soll nur am Rande erwähnt werden, weil es nur für die wenigsten Absolventen in Frage kommt. Wer nämlich nicht bereits während seiner Promotionszeit von einer Stiftung oder einer ähnlichen Institution unterstützt wurde, wird es auch hinterher schwer haben, finanzielle Beihilfen für den Druckkostenzuschuß zu bekommen. Die Ausnahme stellt jene kleine Gruppe an Absolventen dar, deren Dissertation mit der Bestnote (»summa cum laude«) bewertet wurde. Falls dies bei Ihnen der Fall ist, sollten Sie nicht zögern, sich nach Förderungsmöglichkeiten umzusehen. Erster Ansprechpartner hierbei ist immer Ihre Doktormutter oder Ihr Doktorvater. Meist können Sie sich wertvolle Tips geben lassen. Auch besteht die Chance, daß Sie eine universitätsinterne Bezuschussung erhalten.
Jenseits hiervon sei beispielhaft der Förderungsfonds der *Verwertungsgesellschaft Wort* vorgestellt, der überregional Druckkostenzuschüsse für die Erstveröffentlichung wissenschaftlicher Werke gewährt. Allerdings sind hierzu – nicht unerwartet – beträchtliche Voraussetzungen zu erfüllen. Nach den Richtlinien werden Disser-

FÖRDERUNGS- UND BEIHILFEFONDS WISSENSCHAFT DER
VG WORT GMBH

RICHTLINIEN

für Anträge auf und die Vergabe von Druckkostenzuschüssen
(Fassung vom 30.März 2006)

§ 1
Geförderte Druckwerke

(1) Die Förderungs- und Beihilfefonds Wissenschaft der VG WORT GmbH kann für die erstmalige Veröffentlichung von wissenschaftlichen Werken und Fachwerken in deutscher Sprache Druckkostenzuschüsse für nachfolgende Bereiche gewähren:

(2) 1. Bücher
- 1.1 Monographien
- 1.2 Text- und Gesamtausgaben, die nach wissenschaftlichen Grundsätzen ediert und kommentiert sind
- 1.3 Quellenpublikationen (Corpora, Denkmäler, Regesten u. a.)
- 1.4 Wörterbücher für wissenschaftliche oder fachliche Zwecke
- 1.5 Wissenschaftliche oder fachliche Bibliographien, deren Veröffentlichung in kultureller und wissenschaftlicher Hinsicht bedeutsam ist

2. Zeitschriften
- 2.1 Wissenschaftliche und Fachzeitschriften, die überwiegend in deutscher Sprache publizieren

3. Übersetzungen
- 3.1 Übersetzungen aus fremden Sprachen in die deutsche Sprache, wenn das Werk von besonderer Bedeutung für die Wissenschaft ist

§ 2
Nichtgeförderte Druckwerke

(1) Druckkostenzuschüsse werden nicht gewährt für:
1. Unveränderte oder nur unwesentlich veränderte Neudrucke
2. Dissertationen (ausgenommen Arbeiten, sofern sie mit dem höchsten Prädikat bewertet wurden, das die Fakultät zu vergeben hat, und zudem einen wesentlichen wissenschaftlichen Ertrag erbringen).
3. Werke, die aus sachlichen oder fachlichen Gründen von anderen Förderungseinrichtungen bereits abgelehnt wurden
4. Werke, deren Auflage über 1.000 Exemplare liegt
5. Werke, deren Förderung einer Senkung des Ladenpreises dienen soll
6. Sammelwerke wie z. B. Festschriften, Tagungs-, Kongress- und Symposiumsberichte
7. Übersetzungen aus einer wissenschaftlichen Verkehrssprache
8. Dissertationen und Habilitationsschriften, wenn zwischen der letzten mündlichen Prüfung und der Antragstellung mehr als 24 Monate liegen
9. Werke, die im Rahmen eines von der DFG oder einer vergleichbaren Institution geförderten Projektes entstanden sind

tationen beispielsweise grundsätzlich nicht gefördert, ausgenommen Arbeiten, die »mit dem höchsten Prädikat bewertet wurden, das die Fakultät zu vergeben hat«, und einen »wesentlichen Beitrag für die Wissenschaft leisten«. Entsprechend muß Ihre Doktorarbeit von allen Gutachtern als »summa cum laude« eingeschätzt worden sein. Das Ergebnis der mündlichen Prüfung(en) und die hieraus resultierende Endnote spielen hingegen keine Rolle. Geprüft wird von einem Ausschuß, der sich paritätisch aus Wissenschaftlern und Verlegern zusammensetzt.
Weitere Informationen, Merkblätter und natürlich das Antragsformular finden Sie unter: www.vgwort.de/foerderungsfonds.php.
Die *Deutsche Forschungsgemeinschaft* (DFG) hingegen gewährt unterdessen praktisch keine separaten Druckkostenzuschüsse mehr. Als wichtige Institution bei der Finanzierung wissenschaftlicher Vorhaben sei sie hier aber trotzdem genannt: www.dfg.de.

Im Fall einer exzellenten Benotung empfiehlt es sich, nach Bezuschussungsmöglichkeiten Ausschau zu halten. Die Chancen auf eine Gewährung sind allerdings gering.

Einnahmen über die VG WORT

Dieses Kapitel wird Sie besonders interessieren, geht es doch endlich einmal um Geld, das Ihnen *grundsätzlich* zukommt und für dessen Erhalt Sie kaum etwas tun müssen. Kosten entstehen zudem auch keine!
Dank dem deutschen Urheberrecht steht Ihnen bei der Veröffentlichung nämlich eine angemessene Vergütung für die Nutzung Ihrer Dissertation zu. Schließlich wird die Arbeit auch in Bibliotheken gelesen oder sogar durchfotokopiert, was völlig legal ist, sich aber im Verkauf Ihres Texts nicht niederschlägt. Es geht also darum, einen Einnahmeausfall zu kompensieren. (Daß Sie in den allermeisten Fällen kein Autorenhonorar vom Verlag zu erwarten haben, spielt in diesem Fall keine Rolle.) Genau dies ist die Aufgabe der

FÖRDERUNGS- UND BEIHILFEFONDS WISSENSCHAFT DER VG WORT GMBH

Förderungs- und Beihilfefonds Wissenschaft
der VG WORT GmbH · Goethestraße 49 · 80336 München

Antrag auf Druckkostenzuschüsse
für das Erscheinen wissenschaftlicher Werke

---

1. Familienname des Autors ______ Vorname ______ akad. Grad ______
   1.1 Pseudonym ______ Dienststellung ______
2. Anschrift und Telefon (privat): ______
   ______
   (dienstlich): ______
   ______
3. Geburtsdatum ______ Geburtsort ______ Nationalität ______
4. Titel des wissenschaftlichen Werkes (der Reihe) ______
   ______
5. Unterliegen Sie als Autor der Umsatzsteuerpflicht ☐ ja ☐ nein
   gegebenenfalls Finanzamt und Steuernummer angeben ______
6. Handelt es sich um eine
   a) Dissertation ☐ ja ☐ nein b) Habilitationsschrift ☐ ja ☐ nein
   Wenn ja, wo vorgelegt? ______
   c) Nur für Dissertationen: Wurde der Versuch unternommen, eine Förderung durch das Bundesland bzw. die Universität, an der die Dissertation angenommen wurde, zu erreichen? ☐ ja ☐ nein
   Mit welchem Ergebnis? ______
7. In welchem Verlag soll das Werk erscheinen?
   7.1 Name ______
   7.2 Anschrift ______
8. Dem Antrag sind beizufügen:
   8.1 eine Erklärung des Verlages, das Werk bei Gewährung des beantragten Druckkostenzuschusses den „Richtlinien" gemäß in den Verlag zu nehmen
   8.2 eine Verlagskalkulation nach beigefügtem Muster und eine Satzprobe
   8.3 Darstellung von Inhalt und Zielrichtung des Werkes in einer auch dem Nicht-Fachmann verständlichen Form (ca. 2-3 Seiten)
   8.4 Sämtliche vorliegenden Fachgutachten
   8.5 Kopie des Manuskripts
9. Wurde bereits ein Antrag bei einer anderen Institution auf Druckkostenförderung gestellt oder besteht die Absicht, einen Antrag zu stellen? ☐ ja ☐ nein
   Wo wurde der Antrag gestellt? ______
   Mit welchem Ergebnis? ______
10. Ging das Werk aus einem DFG-geförderten Projekt hervor? ☐ nein ☐ ja
    Projekt: ☐ Sonderforschungsbereich ☐ Einzelprojektförderung ☐ Graduiertenkolleg
11. Wurden bereits Pflichtexemplare (gebunden, Mikrofiches, Internet, etc.) abgegeben? ☐ nein ☐ ja
    in welcher Form? ______ Anzahl? ______

______ ______
Ort, Datum Unterschrift

1958 gegründeten *Verwertungsgesellschaft Wort*, die aus einer Vielzahl von Quellen – darunter Fachbibliotheken sowie Hersteller und Betreiber von Fotokopiergeräten – Gebühren erhebt und die eingesammelten Gelder nach einem bestimmten Schlüssel ausschüttet. Die Höhe Ihres Zuschusses richtet sich nach dem Umfang Ihrer Publikation und den insgesamt zur Verfügung stehenden Geldern, kann also von Jahr zu Jahr variieren.

Wie kommen Sie nun an das Geld? Voraussetzung ist, daß Ihre Arbeit in *meldefähiger Form* vorliegt. Bei Verlagspublikationen ist dies unkompliziert, in allen anderen Fällen sollten Sie sich vorab im Internet über den Stand der Tantiemenfähigkeit informieren. Sie *bestellen* bei der VG WORT eine »Einzelmeldung Wissenschaft«, was sie online unkompliziert erledigen können. Oder Sie lassen sich *registrieren* und erledigen danach die Meldung online, was zu empfehlen ist, wenn Sie für die Zukunft weitere Veröffentlichungen planen. Nach erfolgter Freischaltung erhalten Sie Benutzernamen und Password. Natürlich können Sie sich auch *per Brief, eMail* oder *Telefon* an die VG WORT wenden (Adresse siehe Anhang).

Die Meldung Ihrer Dissertation reichen Sie am besten umgehend nach der Veröffentlichung, aber spätestens bis zum 31. Januar des Folgejahres ein. Zur Hauptausschüttung Ende Juni erhalten Sie dann einmalig einen Scheck über Ihre Tantiemen. Es fällt schwer, dessen Höhe vorherzusagen, aber mit 300–350 € können Sie für eine durchschnittliche Dissertation ungefähr rechnen. Ihren Druckkostenzuschuß deckt diese Summe zwar nicht, aber für einen entspannten Abend im Kreis der Helfer und Unterstützer Ihres Projekts dürfte sie wohl ausreichen.

Übrigens: Mit den Tantiemen der VG WORT hat Ihr Verlag nichts zu tun. Diese Gelder stehen ihm in keinem Fall zu und sind daher auch nicht Bestandteil Ihres Vertrages.

> Die Meldung Ihrer Arbeit bei der VG WORT ist kostenlos, unkompliziert und führt zu einer Tantiemenausschüttung. Sie sollten sie daher unbedingt wahrnehmen.

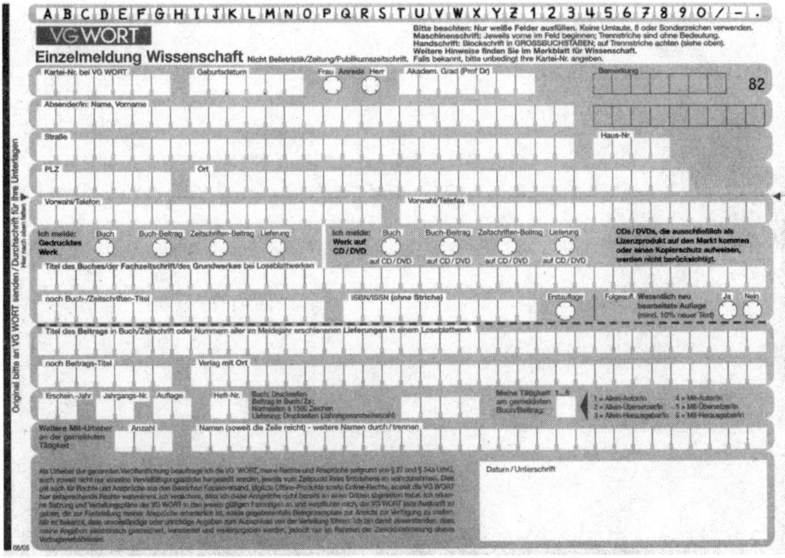

Zusammenfassung

Geld für den Druck der Doktorarbeit zu bekommen, ist und bleibt eine schwierige Angelegenheit. Dennoch:

1. Im Fall eines Prädikatsexamens können Sie Gelder der Universität oder von Stiftungen beantragen.
2. Sofern Ihre Arbeit in meldefähiger Form vorliegt, stehen Ihnen nach der Veröffentlichung Tantiemen der VG WORT zu.

MEIN BUCH ALS BESTANDTEIL DES SELBSTMARKETINGS

Geschafft! Alle Hürden liegen hinter Ihnen. Die Dissertation ist publiziert, und Sie dürfen mit Fug & Recht Ihren Titel führen. Das ist ein großer Moment, den Sie genießen sollten. Übrigens auch dann, wenn das mit der Promotion erwartungshalber verbundene Einkommen noch nicht einmal ansatzweise in Sicht ist. Diese Situation hat gesellschaftliche Ursachen und nichts mit Ihrer Leistung zu tun.
Was kommt jetzt? Wenn Sie in Form eines regulären Buchs veröffentlicht haben, stehen Sie noch eine Weile mit dem Verlag in Verbindung. Mit etwas Glück findet sich eine Rezension zu Ihrem Titel an, oder das Buch stößt auf eine nennenswerte Nachfrage bei der Leserschaft. Falls dem nicht so sein sollte: Grämen Sie sich nicht. Doktorarbeiten sind dafür bekannt, schwergängige Ware zu sein. Außerdem können Sie von sich behaupten, ein Maximum an Einsatz gezeigt zu haben. Der Rest liegt schlicht nicht mehr in Ihrer Hand. Was Ihnen – neben allerlei hoffentlich erfreulichen Erinnerungen an die Studienzeit – verbleibt, ist zweierlei: zum einen der Titel, zum anderen Ihr Buch. Zu beiden Bereichen lassen sich einige Vorschläge machen.
Auch wenn Sie mit Recht stolz auf Ihren akademischen Grad sind, sollten Sie ihn nicht in Form einer Plakette um den Hals tragen. Ihre Umwelt bekommt auch so schnell mit, welche Ausbildung Sie durchlaufen haben; die Wirkung ist größer, wenn Sie britisches *understatement* an den Tag legen. Dies gilt insbesondere für Situationen, in denen Sie nicht mit Ihrem Titel angesprochen werden, obwohl Sie es erwarten dürfen. Bestehen Sie in diesem Fall nicht darauf. Meist steckt nur ein Versehen dahinter; bei einem Bewerbungsgespräch könnte es auch ein Test sein. Selten werden Sie auf Menschen treffen, die eine Absicht damit verbinden, z. B. weil sie zwar die Intelligenz, aber nicht die Mittel oder die Gelegenheit hatten, selbst promoviert zu werden. Diese Leute sind neidisch, und

das zu Recht. Bleiben Sie also gelassen. Auf diese Gelassenheit können Sie übrigens auch zählen, wenn Sie sich offiziell an einen Promovierten wenden. Als Faustregel gilt, daß sich Gleichrangige nicht mit Ihrem Titel anreden. Bei einem Anschreiben gehört der Titel des Adressaten zwar unbedingt in den Adresskopf, nicht aber in die Anrede. Letztlich bleibt das Vorgehen aber Ihnen überlassen. Umgekehrt gehört Ihr *Titel* grundsätzlich auf Briefpapier, Visitenkarte und in den Personalausweis; letzteres erledigt das Einwohnermeldeamt für Sie (Urkunde nicht vergessen). Auch ein entsprechender Eintrag ins Telefonbuch kann nützlich sein. Wenn Sie einen *offiziellen Brief* schreiben, nennen Sie sich in der Schlußzeile mit vollem Namen und Titel, unterschreiben aber darüber nur mit Ihrem Namen. Sollten Sie zuvor einen *weiteren akademischen Abschluß* erworben haben, z. B. den Magister Artium, lassen Sie diesen ab sofort elegant beiseite. Andernfalls kämen überkorrekte Peinlichkeiten wie »Prof. Dr. Max Mustermann M.A.« zustande, die niemandem zumutbar sind. Ob der Titel auf Ihr *Klingelschild* gehört, hängt nicht zuletzt von Ihrer Wohngegend ab. Falls Ihnen daran gelegen ist, sollten Sie Tablettgrößen vermeiden. Bei (auch wissenschaftlichen) *Veröffentlichungen* hängt die Nennung des Titels von der Anlage der Publikation ab. Meist findet die Promotion nur in der Autorenbiographie Erwähnung.

Bei Ihrem Buch gilt folgendes: In Ihrem Freundes- und Bekanntenkreis können Sie *Freistücke* gern verteilen. Darüber hinaus aber sollten Sie sich zurückhalten, auch wenn die Versuchung noch so groß ist. Unverlangt eingesandte Bücher – ob bei Zeitschriften oder Privatpersonen – landen bestenfalls im Regal, meist aber in der Ablage P (für »Papierkorb«). Überlegen Sie hier also zweimal, bevor Sie Ihre Dissertation vorschnell verschicken. Der Versand von Rezensionsexemplaren sollten ohnehin über den Verlag laufen. Auch bei eingereichten *Bewerbungen* hat Ihre Dissertation zunächst nichts zu suchen, sie kann aber in Ihren Unterlagen gern mit Umschlag und Basisdaten abgebildet sein. Hier lassen sich auch Hinweise auf Rezensionen unterbringen, evtl. sogar mit Internet-Adresse. Während eines *berufsbezogenen Gesprächs* hingegen dürfte es nicht schaden, die Arbeit parat zu halten. Wenn sich ein passender Moment ergibt, kann das vorgezeigte Exemplar durchaus für Sie sprechen – und sei es nur, weil die Publikation einen angenehmen Eindruck macht. Die Wirkung wird in jedem Fall größer sein als bei einem Elaborat aus dem Copyshop. Und: Geben Sie immer mal wieder den Titel Ihrer Arbeit in eine *Internet-Suchmaschine* ein. Vielleicht stoßen Sie auf Reaktionen, die noch nicht im Verlag angekommen sind. Auch sollten Sie prüfen, ob Ihr Titel mit den richtigen Angaben (Seitenzahl, Einbandart) bei den großen Internet-Buchhandlungen eingetragen ist. Fehler können Sie als Autor z. T. selbst korrigieren. Ansonsten weisen Sie den Verlag darauf hin.

Zum Schluß: Gern gesehen ist immer noch der richtige Gebrauch der Begriffe »Promotion« und »Dissertation«. Umgangssprachlich wird unterdessen Bedeutungsgleichheit angenommen; tatsächlich ist es aber so, daß »Promotion« den Vorgang (»Erlangung der Doktorwürde«) bezeichnet, »Dissertation« hingegen die schriftliche Arbeit. Auch *promovieren* Sie nicht, sondern *werden promoviert*; entsprechend *haben Sie nicht promoviert*, sondern *sind promoviert worden*. – Da können Sie mal sehen, was einem an der Universität alles zustoßen kann!

CHECKLISTE

Die nachfolgende Liste faßt noch einmal alle Vorgänge zusammen, die in diesem Buch ausführlich dargestellt sind. Dabei wird eine Verlagsveröffentlichung zugrunde gelegt.

- ☐ Erlangung der Druckreife. Es verbleiben 12 Monate Frist, um der Publikationspflicht nachzukommen.
- ☐ Antrag ans Dekanat: Fristverlängerung auf 24 Monate (sofern möglich).
- ☐ Eingehendes Studium der für Sie relevanten Prüfungsordnung. Welche Publikationsformen läßt Ihre Universität zu?
- ☐ Wahl der Publikationsform (hier: Verlag).
- ☐ Wahl des Verlags.
- ☐ Besprechung im Verlag; Wahl der Buchausstattung.
- ☐ Prüfung des Kostenvoranschlags.
- ☐ Klärung der Finanzierung (sofern möglich: Beantragung von Fördermitteln).
- ☐ Prüfung des Vertrags; ggf.: Unterschrift.
- ☐ Antrag an das Dekanat auf vorzeitiges Führen des Doktortitels (Verlagsvertrag mitbringen).
- ☐ Durchsicht des Manuskripts und eventuelle Beauftragung eines Lektorats.

- ☐ Wahl des Buchtitels, Verfassen von Werbe- und Klappentexten, Auswahl von Begriffen für das VLB Schlagwortverzeichnis.

- ☐ Abgabe einer Manuskriptkopie im Verlag (als Datei und als Ausdruck).

- ☐ Klärung der Rechtslage bei Abbildungen.

- ☐ Erstes Korrekturlesen des gesetzten Manuskripts; Rückgabe an Verlag.

- ☐ Zweites Korrekturlesen des bereinigten Manuskripts; Druckerlaubnis.

- ☐ Nach Erhalt der Belegexemplare: Verbringung von Pflichtstücken ins Dekanat.

- ☐ Abholen Ihrer Promotionsurkunde.

- ☐ Anmeldung Ihres Buchs bei der VG WORT.

- ☐ Große Abschlußfeier mit allen Beteiligten.
  Die haben Sie sich verdient!

GLOSSAR

Andruck
Probedruck, in der Regel mit Spezialdruckern erstellt.

Auflösungsgrad
Der Auflösungsgrad gibt – zumeist in *dots per inches* (dpi) – an, wie hoch die Informationsdichte eines Bildes ist.

Aufschlageverhalten
Optimales Aufschlageverhalten besitzt ein Buch, dessen aufgeschlagene Seiten spannungsfrei liegen bleiben.

Backlist
Vorrätige Titel eines Verlags.

Barsortiment
Siehe Grossist.

Bilderdruckpapier
Siehe Kunstdruckpapier.

BOD
Bei *Book On Demand* erfolgt die Buchherstellung per Digitaldruck und erst auf Kundenbestellung, d. h. es wird nicht mit einer festen Auflagenhöhe gearbeitet. BOD kann vom Autor direkt oder über einen Verlag in Auftrag gegeben werden.

Buchbindung
Verfahren, die Buchseiten untereinander und mit dem Bucheinband zu verbinden. Siehe Klebebindung und Fadenheftung.

Buchblock
Einheit der mittels Klebebindung oder Fadenheftung verbundenen Seiten eines Buchs. Ein Buch besteht mindestens aus Buchblock und Bucheinband.

Bucheinband
Äußere Hülle eines Buchs, entweder flexibel (Broschur, Softcover, Paperback) oder fest (Festeinband, Hardcover, »gebunden«).

Buchrücken
Der die beiden Buchdeckel verbindende Buchrücken kann bei einem Festeinband zusätzlich gerundet werden. Dies ist bei den allermeisten Belletristiktiteln der Fall. Dünne Bücher mit Festeinband (z. B. Comics) verfügen meist über einen geraden Buchrücken.

Buchtitelseite
Auch Titel oder Titelei genannt. Buchseite zwischen Vortitel und Textbeginn. Sie nennt den Namen des Verfassers, den Buchtitel (nebst Zusätzen) und den Verlag. Oft werden auch Verlagsort und Jahr genannt.

CD-ROM
Compact Disc Read-Only Memory zur dauerhaften Speicherung digitaler Daten. Hier: Multimediale Publikationsmöglichkeit, die die Einbindung großer Bildmengen sowie von Ton- und Filmdokumenten erlaubt.

Die Deutsche Bibliothek
Nationalbibliothek der Bundesrepublik Deutschland mit Standorten in Leipzig, Frankfurt a. M. und Berlin. Jede deutschsprachige Neuerscheinung muß der Bibliothek in zwei Pflichtexemplaren zugesandt werden.

Digitaldruck
Modernes Druckverfahren nach dem Prinzip des Laserdruckers. Die Vorlage wird am PC-Bildschirm entworfen und ohne Zwischenstufen ausgedruckt. BOD-tauglich.

Dispersion
Verfahren der Klebebindung, bei dem Flüssigleim durch Trocknung aushärtet. Vgl. Hotmelt und PUR.

Druckfassung
Eingerichtete, d. h. gesetzte Fassung eines Manuskripts.

eBook
Verlagsbetreute Online-Publikation, die professionell gesetzt, im VLB angemeldet und kostenpflichtig vertrieben wird.

Efalin
Bezugspapier mit Leinenstruktur für den Bucheinband.

Einschweißen
Umhüllung des verkaufsfertigen Buchs durch eine PVC-Folie.

Fadenheftung
Traditionelles Buchbindeverfahren für Offsetdruck. Großflächige Papierbogen werden bedruckt, gefalzt und miteinander vernäht.

Frontispiz
Illustration (zumeist) auf der Rückseite des Schmutztitels, die dem eigentlichen Buchtitel gegenüber liegt. Sie zeigt für gewöhnlich ein Portrait des Verfassers oder jener Persönlichkeit, mit der sich die Publikation beschäftigt.

Gestrichenes Papier
Mit Kreide oder Mineraliengemischen veredeltes Papier. Für Kunstdruck empfohlen.

Grossist
Großhändler, der gegenüber dem Verlag als Kunde auftritt und ein eigenes Sortiment aus dessen Programm vertreibt.

Halbton
Eine zur Abbildung vorgesehenes Vorlage (z. B. ein Foto) wird als Halbton bezeichnet, weil sie kontinuierliche Graustufen- und Farbverläufe enthält. Der Rasterprozeß wandelt diese in S/W-Werte um.

Hotmelt
Verfahren der Klebebindung, bei dem Leim erhitzt und durch Abkühlung aushärtet. Vgl. Dispersion und PUR.

Impressum
In Publikationen vorgeschriebene Herkunftsangabe, die rechtlich relevante Angaben über den Verlag, den Erscheinungsort und das Erscheinungsjahr enthält. Auch muß die ISBN genannt werden. Das Impressum befindet sich entweder auf der Rückseite der Titelei oder auf einer der letzten Buchseiten.

Imprimatur
Druckerlaubnis. Wird für gewöhnlich nach beendetem zweiten Korrekturgang erteilt.

Indexmarken
Programminterne Steuerzeichen zur späteren automatischen Indexerzeugung. Am besten schon beim Verfassen der Arbeit vom Autor einzufügen.

ISBN
International Standard Book Number. Internationale Standard-Buchnummer zur eindeutigen Identifizierung eines Buchs. Weltweit gebräuchlich.

Kaschur
Versiegelung des Bucheinbands mit einer abriebfesten Folie.

Kostenvoranschlag
Verbindliches Angebot über die Höhe der angefragten Leistung.

Klebebindung
Preisgünstiges Buchbindeverfahren für Offset- und Digitaldruck. Bedruckte Einzelblätter werden in den Bucheinband geleimt. Siehe Hotmelt, Dispersion und PUR.

Kopfschnitt
Oberseite des Buchblocks. Kann farbig ausgeführt sein.

Kunstdruckpapier
Hochwertiges Papier für Bücher mit Abbildungen. In matter und glänzender Qualität erhältlich, wobei letztere primär bei Werbung und Illustrierten zur Anwendung kommt.

Lumbecken
Nach Emil Lumbeck (1886–1979). Siehe Klebebindung.

Metadaten
Hier: Ausgewählte Schlagworte, die Ihren Text recherchierbar machen.

Mikrofiche
Eigentlich Mikroplanfilm. Buchseiten werden fotographiert, um das 24-fache verkleinert und auf einem Stück Film im Format A6 untergebracht. Lesegerät erforderlich.

Nettoladenpreis
Endverkaufspreis abzüglich 7 % MwSt. Grundlage für das Autorenhonorar.

Offsetdruck
Traditionelles Druckverfahren. Die Vorlage wird verfilmt und auf eine Druckplatte übertragen; beim Druckvorgang gelangt das Motiv über ein Gummituch auf das Papier. Die druckenden Flächen unterscheiden sich dabei durch ihre chemischen Eigenschaften von jenen, die nicht drucken. Für BOD untauglich.

Offsetpapier
Anspruchsloses Schreib- und Kopierpapier: reinweiß, ungestrichen, holzfrei und sehr preisgünstig. Vgl. Werkdruck- und Kunstdruckpapier.

Opazität
Bezeichnung für die Undurchsichtigkeit von Papier. Hohe Opazität = geringe Durchsichtigkeit.

Persistent Identifier
Daten, die die dauerhafte Zugriffsfähigkeit auf Online-Dokumente gewähren sollen.

PDF
Das *Portable Document Format* ist ein Dateiformat und ermöglicht die originalgetreue Wiedergabe einer Vorlage.

Prädikatsexamen
Doktorarbeiten mit der Bewertung »summa cum laude« (»mit höchstem Lob«, rechnerisch: 0,5) und »magna cum laude« (»mit großem Lob«: 1,0) können u.U. dazu dienen, Ansprüche auf Fördergelder anzumelden.

PUR
Verfahren der Klebebindung. Polyurethan wird heiß verarbeitet und verfestigt sich beim Abkühlen. Kunstdruckpapiertauglich. Vgl. Hotmelt und Dispersion.

Rasterung
Einrichtung von Abbildungen zu Druckzwecken. Die Rasterweite gibt (zumeist in Linien pro cm) an, wie fein das Raster ist.

Registerhaltigkeit
Die Zeilen der Papiervorderseite liegen mit denen der Rückseite (bzw. mit den Zeilen nebeneinander liegender Spalten) auf einer gemeinsamen Schriftgrundlinie.

Remittierung
Vertragsmäßig geregelte Abgabe von preisreduzierten Restexemplaren eines Buchtitels, die entsprechend gekennzeichnet sein können (Stempel, Strich auf Buchschnitt).

Rillen
Das Rillen bezeichnet die (meist vierfache) Falzung eines Broschurumschlags, um eine sichere Verleimung mit dem Buchblock zu gewährleisten.

Rundumschnitt
Die drei Seiten des Buchblocks, die nicht mit dem Einband verbunden sind. Mitunter farbig ausgeführt.

Rüstzeit
Dauer der (kostenpflichtigen) Einrichtung von Offsetdruckmaschinen.

Schmutztitel
Siehe Vortitel.

Titelei
Gesamtheit der Buchseiten, die dem Text vorangestellt sind: Vortitel, Frontispiz, Buchtitel, Impressum. Wird auch synonym für die Buchtitelseite verwendet.

Ungestrichenes Papier
Bezeichnung für unveredelte Sorten wie Offset- und Werkdruckpapier.

Verlagsauslieferung
Dienstleister, der gegen Gebühr die Bücher mehrerer Verlage an Grossisten und Buchhandlungen vertreibt.

Verlagsvertrag
Regelwerk, das die Verbindlichkeiten zwischen Autor und Verlag festschreibt.

VG BILD

Eigentlich VG BILD-KUNST. Die *Verwertungsgesellschaft Bild-Kunst* sammelt und verteilt Tantiemen, die Künstlern, Fotographen und Filmurhebern im Rahmen der Statuten zustehen.

VG WORT

Die *Verwertungsgesellschaft Wort* sammelt und verteilt Tantiemen, die Autoren, Übersetzern und Verlegern im Rahmen der Statuten zustehen.

VLB

Verzeichnis Lieferbarer Bücher. Wichtigste Informationsquelle für Buchhändler.

Vorsatzpapier

Doppelseite, die den Buchblock vorn und hinten im Festeinband fixiert.

Vortitel

Auch Schmutztitel. Erste Seite des Buchs. Sie enthält knappe Angaben, z.B. den verkürzten Buchtitel, die Bezeichnung der Reihe oder auch nur das Verlagssignet.

Werkdruckpapier

Reguläres Buchdruckpapier: leicht getönt, ungestrichen und holzfrei. Vgl. Offset- und Kunstdruckpapier.

Zugriffsfähigkeit

Recherchier- und Erreichbarkeit von Online-Dokumenten.

BIBLIOGRAPHIE

Verwendete Literatur

Publikation der Doktorarbeit

Dietwald Marschang
Wer verlegt meine Doktorarbeit?
Die richtige Strategie für wissenschaftliches Publizieren
Frankfurt a. M.: Eichborn
1997

Jörg Meidenbauer
Clio-online Guide »Wissenschaftliches Publizieren«
www.clio-online.de

Satz und Gestaltung der Doktorarbeit

Duden: Satz und Korrektur.
Materialien
Mannheim: Dudenverlag
2003

Hans Peter Willberg / Friedrich Forssman
Erste Hilfe in Typographie
Mainz: Schmidt
1999

Druck- und Verlagswesen

Kaj Johansson et.al.
Well done, bitte!
Das komplette Menu der Printproduktion
Mainz: Schmidt
2004

Wulf D. von Lucius
Verlagswirtschaft
Ökonomische, rechtliche und organisatorische Grundlagen
Stuttgart: UTB
2005

Unreformierte Orthographie

Theodor Ickler
Normale deutsche Rechtschreibung.
Sinnvoll schreiben, trennen, Zeichen setzen
St. Goar: Leibniz
4. Auflage 2004

Lutz Mackensen
Deutsches Wörterbuch
Waltrop: Manuscriptum
13., gegenüber der 12. unveränderte Auflage 2006

Weiterführende Literatur

Die nachfolgenden Angaben verstehen sich als Hinweise. Die Liste beansprucht weder Vollständigkeit, noch kann sie für den praktischen Nutzen der aufgeführten Titel einstehen.

Allgemeine Promotionsratgeber

Detlev J. Brauner / Hans U. Vollmer
Erfolgreiches wissenschaftliches Arbeiten
Seminararbeit – Diplomarbeit – Doktorarbeit
Sternenfels: Wissenschaft und Praxis
2004

Randi Gunzenhäuser / Erika Haas
Promovieren mit Plan
Ihr individueller Weg von der Themensuche zum Doktortitel
Wien: Ueberreuther
2. Auflage 2006

Helga Knigge-Illner
Der Weg zum Doktortitel
Strategien für die erfolgreiche Promotion
Frankfurt a. M.: Campus
2002

Barbara Messing / Klaus-Peter Huber
Die Doktorarbeit
Vom Start zum Ziel
Berlin: Springer
3. Auflage 2004

Ingo von Münch
Promotion
Tübingen: Mohr Siebeck
2. Auflage 2003

Andreas Preißner / Stefan Engel
Promotionsratgeber
München: Oldenbourg
4. Auflage 2001

Fachbezogene Promotionsratgeber

Eva-Maria Baur et.al.
Praktische Tipps für die Medizinische Doktorarbeit
Berlin: Springer
4. Auflage 2000

Sabine Brenner (Hrsg.)
Promotionsratgeber für die Doktoranden der Philosophischen Fakultät
Düsseldorf: Grupello
2001

Claudius Diez
Die medizinische Doktorarbeit
Berlin: Lehmanns Media
4. Auflage 2006

H.F. Ebel / Ch. Bliefert
Diplom- und Doktorarbeit
Anleitung für den naturwissenschaftlich-technischen Nachwuchs
Weinheim: Viley-VCH
3. Auflage 2003

Werner Giebel / Mirko Galic
Die medizinische Doktorarbeit
Anleitung zu selbständiger wissenschaftlicher Arbeit für Doktoranden in der Medizin und Zahnmedizin
Stuttgart: Kohlhammer
4. Auflage 2000

Wolfgang Janni / Klaus Friese
Publizieren, Promovieren [für Mediziner] – leicht gemacht
Berlin: Springer
2004

Jean-François Roulet et. al.
Der Weg zum Doktorhut [für Zahnmediziner]
Berlin: Quintessenz
2. Auflage 2006

Christian P. Schaaf
Mit Vollgas zum Doktor
Promotion für Mediziner
Berlin: Springer
2005

Steffen Stock et. al.
Erfolgreich Promovieren
Ein Ratgeber von Promovierten für Promovierende
Berlin: Springer
2006

Gerhard Wagner
Die Promotion in Kunst-, Kultur- und Medienwissenschaften
Ein Ratgeber für externe Doktoranden
Bergisch-Gladbach: Grätz
2001

Christel Weiß / Alex W. Bauer
Promotion
Die medizinische Doktorarbeit – von der Themensuche bis zur Dissertation
Stuttgart: Thieme
2. Auflage 2004

Christian Wittekind et.al.
Die medizinische Promotion
Leitfaden zum Erfolg
Freiburg im Breisgau: Karger
2003

Spezialfragen zur Promotion

Robert Baring
Wie finde ich einen guten und schnellen Doktorvater an einer deutschen Universität?
Düsseldorf: Verlag Dr. Müller
2. Auflage 2003

Renate Deinzer
Allgemeine Grundlagen wissenschaftlichen Arbeitens in der Medizin
Ein Leitfaden für die empirische Promotion und Habilitation
Stuttgart: Kohlhammer
2005

Jürgen Enders / Lutz Bornmann
Karriere mit Doktortitel?
Ausbildung, Berufsverlauf und Berufserfolg von Promovierten
Frankfurt a. M.: Campus
2001

Ansgar Keller
Promotionsführer für Fachhochschulabsolventen
Möglichkeiten und Zulassungsverfahren für eine Promotion an 70 deutschen Universitäten
Berlin: Fachhochschule für Technik und Wirtschaft Berlin
7. Auflage 2005

Natascha Nicol / Ralf Albrecht
Wissenschaftliche Arbeiten schreiben mit Word
Formvollendete und normgerechte Examens-, Diplom- und Doktorarbeiten
München: Addison-Wesley
Neuauflage 2004

Hans-Ulrich Vollmer
Die Doktorarbeit schreiben
Strukturebenen – Stilmittel – Textentwicklung
Sternenfels: Wissenschaft und Praxis
2005

Finanzierungsmöglichkeiten

Forschungshandbuch 2007
Förderprogramme und Förderinstitutionen für Wissenschaft und Forschung
Lampertheim: Alpha Informationsgesellschaft
2007

Maecenata Stiftungsführer
Ausgabe 2005
Berlin: Maecenata
5. Auflage 2005

Dieter Herrmann / Angela Verse-Herrmann
Geld fürs Studium und die Doktorarbeit
Wer fördert was?
Frankfurt a. M.: Eichborn
5. Auflage 2006

Horst H. Sievert
Studieren mit Stipendien: Deutschland – weltweit
Freiburg im Breisgau: Interconnections
2. Auflage 2005

Deutsches Studentenwerk (Hrsg.)
Förderungsmöglichkeiten für Studierende
Bad Honnef: K.H. Bock
13. Auflage 2003

Selbstverlag

Manfred Plinke
Mini-Verlag
Berlin: Autorenhaus
6. Auflage 2005

LINKVERZEICHNIS

Diese Angaben verstehen sich als Hinweise. Die Liste beansprucht weder Vollständigkeit, noch kann sie für den praktischen Nutzen der aufgeführten Adressen einstehen.

www.bildkunst.de
Verwertungsgesellschaft Bild-Kunst

www.buchhandel.de
VLB – Verzeichnis Lieferbarer Bücher

www.boersenverein.de
Börsenverein des Deutschen Buchhandels

www.ddb.de
Die Deutsche Bibliothek

www.dissonline.de
Projektseite von Der Deutschen Bibliothek

www.doktorandenforum.de
Literatur und Links rund um die Doktorarbeit

www.german-isbn.org
ISBN-Agentur der Bundesrepublik Deutschland

www.persistent-identifier.de
Informationsseite zur eindeutigen Kennzeichnung digitaler Inhalte

www.stiftungen.org
Bundesverband Deutscher Stiftungen

www.stiftungsindex.de
Links zu 1.500 deutschen Stiftungen, mit Recherchefunktion

www.thesis.de
Doktorandennetzwerk

www.vgwort.de
Verwertungsgesellschaft Wort

ADRESSLISTE

Diese Angaben verstehen sich als Hinweise. Die Liste beansprucht weder Vollständigkeit, noch kann sie für den praktischen Nutzen der aufgeführten Adressen einstehen.

Bundesverband Deutscher Stiftungen
Haus Deutscher Stiftungen
Mauerstraße 93
10117 Berlin
Telefon 030 897 947-0
Telefax 030 897 947-11
eMail bundesverband@stiftungen.org
www.stiftungen.org
www.stiftungsindex.de

Deutsche Forschungsgemeinschaft
Kennedyallee 40
53175 Bonn
Telefon 0228 885-1
Telefax 0228 885-2777
eMail postmaster@dfg.de
www.dfg.de

Internationale Standard-Buchnummer
Agentur für die Bundesrepublik Deutschland
Großer Hirschgraben 17–21
60311 Frankfurt am Main
Telefon 069 1306-387
Telefax 069 1306-258
eMail isbn@mvb-online.de
www.german-isbn.org

Verwertungsgesellschaft Bild-Kunst
Weberstraße 61
53113 Bonn
Telefon 0228 91 534-0
Telefax 0228 91 534-39
eMail info@bildkunst.de
www.bildkunst.de

Verwertungsgesellschaft Wort
Rechtsfähiger Verein Kraft Verleihung
Goethestraße 49
80336 München
Telefon Christine Kolb 089 51 412-0
eMail christine.kolb@vgwort.de
Telefon Nicole Leonhard 089 51 412-0
eMail nicole.leonhard@vgwort.de
www.vgwort.de